LA

CRUELDAD

CYNTHIA WILA

LA CRUELDAD

El origen de lo humano

PAIDÓS

Obra editada en colaboración con Editorial Planeta - Argentina

Bajo el sello editorial PAIDÓS M.R.
Avenida Presidente Masaryk núm. 111,
Piso 2, Polanco V Sección, Miguel Hidalgo
C.P. 11560, Ciudad de México
www.planetadelibros.com.mx
www.paidos.com.mx

Primera edición impresa en Argentina: abril de 2025
ISBN: 978-950-12-0983-9

Primera edición impresa en México: marzo de 2026
ISBN: 978-607-639-205-8

Impreso en los talleres de Corporación en Servicios Integrales de Asesoría Profesional, S.A. de C.V.,
Calle E #6, Parque Industrial
Puebla 2000, C.P. 72225, Puebla, Pue.
Impreso en México – *Printed in Mexico*

A Renzo, por ese amor
que me rescata de lo cruel.

El ser humano no es un ser manso, amable, a lo sumo capaz de defenderse si lo atacan, sino que es lícito atribuir a su dotación pulsional una buena cuota de agresividad. En consecuencia, el prójimo no es solamente un posible auxiliar y el objeto sexual, sino una tentación para satisfacer en él la agresión, explotar sus fuerzas de trabajo sin resarcirlo, usarlo sexualmente sin su consentimiento, desposeerlo de su patrimonio, humillarlo, infligirle dolores, martirizarlo y asesinarlo.

SIGMUND FREUD

¿POR DÓNDE EMPEZAMOS?

Los seres humanos se han matado unos a otros desde que descendieron de los árboles, y no me sorprendería encontrar cuerpos ocultos en lo alto de las ramas. Algunos de los primeros huesos humanos presentan fracturas sin duda provocadas por armas. Las primeras inscripciones alardean de matanzas de miles de enemigos. Los libros sagrados más antiguos narran batallas en las que los partidarios de un dios iracundo aniquilan a los seguidores de algún otro dios iracundo, sin embargo, las pequeñas tribus y pueblos atrapados en estas antiguas guerras no tenían suficientes víctimas potenciales de sucumbir a una escala que pueda compararse con la actualidad.

LOS NÚMEROS

Los cien multicidios más mortíferos de la humanidad: 455 millones de muertos en total.

· Guerras: 315 millones, en los que se incluyen 49 millones de soldados y 266 millones de civiles. De promedio, 85 por 100 de las personas muertas en las guerras han sido civiles.

· Opresión institucional: 141 millones.

· Multicidios ideológicos: 142 millones.

· Religión: 47 millones.

· Guerras civiles entre rojos y blancos: 26 millones.

· Conflictos de ideologías diversas: 2 millones.

· Multicidios étnicos: 74 millones.

· Económicos: 154 millones.

ALGUNOS GENOCIDIOS

Una característica definitoria de genocidio es la decidida devoción con la que los opresores erradican el grupo en cuestión. Los opresores no se contentan con matar solamente a aquellos que se rebelan y resisten, se proponen dar caza y eliminar a todos los hombres, mujeres, niños, bebés y perros. Si uno pertenece a la demografía objeto de aniquilación, acabará siendo eliminado por más clemencia que pida: sin embargo, a las muchachas a menudo se las perdona, pero son violadas y esclavizadas porque no son lo bastante importantes como para matarlas.

· Los indios americanos nativos: puede que murieran 15.000.000 a manos de los conquistadores europeos. Junto con el desplome de la población nativa a lo largo y ancho del hemisferio occidental, centenares de tribus simplemente desaparecieron.

· El Holocausto: 5.500.000 judíos fueron exterminados.

· Los armenios: en 1915 murieron 972.000.

· Los tutsis: los hutus mataron a 937.000 tutsis en Ruanda en 1994.

· Los gitanos: desde 1940 a 1945 murieron 500.000. Los nazis los clasificaron como raza subhumana y los exterminaron.

· Los serbios: 300.000 fueron exterminados desde 1940 hasta 1945.

· Los aborígenes australianos: entre 1788 y 1920 desaparecieron 240.000.

· Los chechenos, los ingushes, karachais, balkares, calmucos: 230.000 murieron en el exilio entre 1943 y 1957. Durante la Segunda Guerra Mundial, Stalin desplazó a nacionalidades enteras conquistadas por el avance de los alemanes. Perecieron miles de personas.

De *El libro negro de la humanidad*,
MATTHEW WHITE

POSTAL 1

AÑO 33/35 DEL CALENDARIO GREGORIANO

El hombre siente dolor.

En sus brazos abiertos lleva atado un madero.

La muchedumbre lo observa.

Algunos con piedad; otros con regocijo.

Los que se burlan desatan su euforia en los insultos. Le escupen, le gritan que se merece el castigo.

Él los entiende. Y los perdona.

Mira el cielo de vez en cuando para olvidar el dolor.

Está agotado. Tiene calambres, los labios rotos y mucha sed. Pide agua.

Un guardia coloca una esponja empapada en la punta de una caña y la acerca a su boca. El hombre prueba un sorbo: es vinagre.

"Todo ha sido cumplido", piensa.

El soldado suelta una carcajada y los demás lo vitorean.

En ese instante, otro guardia, Longino, atraviesa con una lanza el costado de su vientre.

El condenado los mira con compasión.

Recuerda su llegada hasta el Gólgota, el monte de la Calavera. Un tronco incrustado en la tierra lo sostiene. Pronto acabará su vida.

El aire dejará de entrar a sus pulmones. Morirá despacio, por agotamiento y asfixia. Morirá deshonrado, para que su cuerpo y su espíritu sufran hasta el último segundo.

Minutos antes lo han obligado a cargar un yugo de madera sobre los hombros y caminar entre la gente, como si los latigazos que había soportado y la corona de espinas clavada en su frente no bastaran.

Los verdugos se esfuerzan. Quieren mostrar que todavía quedan otras opciones para deleitarse con la tortura.

Hay un camino que el hombre debió recorrer a pie, desnudo, ensangrentado, con el peso de la madera sobre la espalda ulcerada. Entre todos ellos.

Ellos. Hombres, mujeres y niños que lo conocen y lo aman y lo odian por las mismas razones.

Los que sienten rencor, avivados por la exaltación que les produce su condena a muerte, y su sufrimiento, lanzan piedras sobre sus pasos. Para que ese camino del Calvario sea recordado en cualquier época.

La multitud sigue alborotada, jubilosa, esperando ver cómo la dignidad del hombre se muere antes que él.

Porque para morir del todo faltan la cruz y la asfixia, que llegará lentamente. Habrá tiempo.

Un tiempo para que ellos, hombres, mujeres y niños, puedan satisfacer aún más la parte más oscura de su alma.

La crueldad que habita en todo ser humano como un tumor que jamás podrá ser extirpado.

POSTAL 2

VIERNES 19 DE ABRIL DE 2024

TRIBUNALES DE MANHATTAN
JUICIO A UN PRESIDENTE DE LOS ESTADOS UNIDOS

A metros de los tribunales de Centre Street hay miles de manifestantes a favor y en contra del mandatario.

Sobre el césped del parque situado enfrente, aparece una especie de manifiesto color rosado que llama la atención de la policía.

En su hoja frontal se lee: "La verdadera historia del mundo".

Minutos antes del hallazgo, en el mismo parque, un hombre de treinta y siete años, de cabellos castaños que cubren la mitad de su rostro, con los brazos abiertos en cruz, sostiene un panfleto.

De pronto, vuelca un líquido sobre su ropa y se prende fuego.

Mientras su cuerpo arde envuelto en llamas, una mujer de chamarra gris corre desesperadamente, se sienta frente a él y con su teléfono comienza a filmar la escena.

No escucha los alaridos del hombre ni los gritos de la gente que, desde lejos, intenta pasar las vallas para socorrerlo.

En su butaca de privilegio, la mujer de chamarra gris mira el suceso a través de la lente de su cámara. Se queda pétrea, manipulando el celular sin moverse de la silla. Y filma el horror.

La fascinación por el horror es otra de las formas de la crueldad.

Luego de unos minutos, alguien le advierte que debe irse. Ella no quiere, pero se deja llevar quién sabe adónde.

Las llamas continúan quemando un cuerpo que más tarde morirá en el hospital.

Las mismas llamas, y ese cuerpo que se quema, no morirán jamás en el teléfono de la mujer.

POSTAL 3

BUENOS AIRES, ANOCHE

Las luces de la calle Corrientes se reflejan en los charcos de agua.

Una lluvia cae desde hace varias horas.

La multitud que sale de los teatros se mezcla con aquellos que esperan su turno para cenar en un restaurante.

En medio del tumulto, un chico de no más de cinco años se moja en una esquina con la mano abierta. Espera una limosna que no llega.

La indiferencia es uno de los disfraces más comunes de la crueldad.

PRÓLOGO

La crueldad nos muerde desde el día en que nacemos.

Es el grito de la madre al parir. El llanto del bebé al nacer, su desesperación en busca de la primera bocanada de aire. La angustia de los demás por ver si lo logra. Todo esto marca el destino de lo que será nuestra existencia: una existencia cruel. Una existencia en la que todo lo que amamos algún día desaparecerá.

Cuando mi padre murió yo había empezado a escribir una novela.

Su muerte y mi dolor se llevaron mis ganas.

Mi padre fue una de las personas más influyentes de mi vida. No fue un héroe en el sentido ordinario de la palabra. Nadie lo es, aunque parezca. Sin embargo, creo que operaba en mí como una fuente inagotable de inspiración. Yo era la hija inteligente, la que sabía cómo hacer cualquier cosa, la que podía con todo, incluso con él.

Me había apodado "la doctora Pendor", por *pendorcho*, que en idioma popular alude a un objeto extraño que no se sabe bien cómo nombrar. Extraña yo para él que lo comprendía y lo amaba con locura soportando sus locuras.

Se murió con su mano entre las mías, al susurro de: "Ya está, papi, suéltate, vas a estar bien". Fue un trance. Pasó de sus últimos respiros a cerrar la boca sin ahogo ni sobresaltos ni desesperación, como si se deslizara entre el último hálito de vida hacia la otra dimensión, la de la incógnita, la que nadie conoce. Y en ese momento, el instante final, una lágrima, una sola lágrima cayó de sus ojos cerrados a modo de despedida. O de tristeza por partir.

Aunque ya estuviera inconsciente, quiero creer que me había escuchado, quiero creer que pudo sentir mis manos sobre las suyas, quiero creer que interpretó mi mensaje y que, como venía de la "doctora Pendor", hizo caso y se dejó ir.

Adiós, para siempre.

Y llegó el abismo.

A partir de ese día, no fui la misma. Si alguna vez tuve gracia en los ojos, eso se fue. Y se fueron las cosas lindas que uno ve de vez en cuando y los argumentos que solían envalentonar mis discursos… y la pasión por escribir.

Me oscurecí con él, tal vez, intentando descifrar dónde estaba para compartir de algún modo su lugar. Tal vez, ¡cómo no!, porque ese faro que me acercaba a mis aventuras con entusiasmo, ese faro que era su voz alentadora, se había muerto.

Mis editores entendieron mi dolor. Pero yo debía continuar a pesar de no saber cómo seguir. Fue así que, a merced de una voluntad que no siempre tenía y de un duelo que no dejaba de doler, avancé un poco más y llegué hasta la mitad del libro sin demasiado interés. Hubo días en que me sentaba frente a la pantalla y no me salía ni una frase. No tenía más para decir.

Por las noches me despertaba con una ansiedad que no podía descifrar y que no me dejaba en paz. Pero hubo una noche, antes de empezar este libro, en que ese ritual se convirtió en epifanía.

Me levanté temprano y desperté a mi marido.

El reloj marcaba las cinco. Él, que no entendía pero siempre me comprende, encendió la lámpara de mesa y se dispuso a escucharme.

"Quiero escribir acerca de la crueldad", le dije.

Me miró sorprendido. "¿Y la novela?", preguntó.

"Quedará para más adelante", contesté decidida.

Y con una emoción renovada en la voz, le expliqué que sentía la necesidad de hablar de otra cosa, que me había dado cuenta de que no solo los muertos son crueles por el hecho de dejarnos, que los que estamos vivos lo somos mucho más. Y somos crueles todo el tiempo.

Mi esposo me apretó la mano y dijo: "Escríbelo".

CRUELDAD

Su raíz indoeuropea expresa las nociones de "carne cruda, sangrante", "sangre derramada". En latín *cruor* significa "la sangre derramada"; *crudus*, "sangrante"; *crudelis*, "quien se regocija en la sangre".

Desde siempre el ser humano ha sido cruel consigo mismo y se ha regocijado en (y con) la sangre derramada. Pero existe otra crueldad, la crueldad sin sangre, que, como dice el filósofo francés Jacques Derrida, se relaciona con la infelicidad y el sufrimiento vinculado a lo psíquico.

La maldad muta, se transforma. Y ha tomado distintos nombres según la época para disfrazarse de otras cosas, pero en realidad es esencialmente lo mismo: CRUELDAD. Una crueldad eminentemente humana. Que nos acecha desde adentro, desde nuestra propia esencia, de la que no podemos escapar sino a costa de un esfuerzo inmenso. Y aun así, ese esfuerzo muchas veces resulta insuficiente para dominar la potencia de la energía maligna que nos habita, que lastima, a otros y a nosotros.

Este libro recorre momentos crueles de la historia, algunos de los métodos que tanto dioses como humanos han usado para someter, castigar o humillar; y también recorre la crueldad de hoy, una crueldad enmascarada, la de nosotros, la de todos los días, la que se expresa en la relación con uno mismo y con los demás, esa que aparece sin freno para sepultar a otros o para hundir nuestros sueños bajo el manto de la pulsión mortífera que nos atraviesa.

"Podemos detener la crueldad sangrienta, podemos poner fin al asesinato con arma blanca, con guillotina, en los teatros clásicos o modernos de la guerra sangrienta, pero según Nietzsche o Freud, una crueldad psíquica los suplirá siempre inventando nuevos recursos", dice Derrida en un discurso acerca de los *Estados de ánimo del psicoanálisis*.

¿Qué le pasa a quien se regocija con el sufrimiento propio o con el dolor de otros? ¿Qué busca una mano cruel, una mente cruel, un postulado cruel? ¿Ha sido cruel la religión? ¿Lo es aún? ¿Acaso muchas veces no es cruel el amor? ¿O la sociedad en la que vivimos? ¿No son crueles las palabras? ¿No son crueles las redes sociales que nos empujan a herir o herirnos para entrar en un contexto imaginario? ¿No es cruel ese escaparate consumista que nos llama y nos encierra en la infelicidad? ¿No hay manejos despiadados en el poder?

¿Cuáles son los nuevos nombres de la crueldad en las relaciones amorosas hoy? ¿No somos crueles con nosotros, con los demás? ¿Cuánto nos perturba? ¿Quién ha sido o es cruel con nosotros? ¿Dejar que los demás sean crueles es también ser parte del juego?

Soy cruel.
Los otros son crueles.
Todos somos crueles.
No nos engañemos más.

I

LA CRUELDAD DIVINA

Padre: ¿por qué me has abandonado?

Jesús de Nazaret

LOS DIOSES

Para hablar de la crueldad divina debemos remontarnos a la mitología. Porque la maldad de los dioses es mitológica. Y además, porque esa maldad fue imaginada y relatada por personas a través de las distintas formas de transmitir la historia, por tradición oral o escrita. Antes de la maldad de los dioses, el ser humano. Siempre lo humano.

Los pueblos imaginaron a distintos dioses –y luego a un solo Dios– que los creó como seres imperfectos, agresivos, celosos, conspiradores, traicioneros, asesinos. Crueles.

"Serán crueles", parece devenir un susurro desde las alturas del universo o desde el mismo centro de la Tierra, donde está el núcleo incendiado de nuestro planeta. Tal vez, el infierno tan temido.

"Serán crueles". Casi una orden ineludible que planta su semilla desde el nacimiento y que provocará contradicciones humanas eternas en una psiquis asaltada por la desesperación. La crueldad de Jehová al condenar a Adán, a Eva y a toda su descendencia, al dolor y a la muerte. O la crueldad de Caín al matar a su propio hermano.

Desde entonces, desde siempre, hombres y mujeres están atormentados por la crueldad con la que tratan a su cuerpo y sus emociones. Incluso por su manera de amar y de sufrir. Porque también se puede ser indulgente o cruel cuando se sufre. Con uno y con los demás.

La mayoría de las veces, las personas clavan puñales en las heridas abiertas de quienes más quieren. Y de sí mismos. Es decir: son crueles para querer y crueles para quererse. O simplemente no se quieren.

"Le escupí a la cara, le dije que era una puta, igual que su mamá, y que me iba a encargar de que termine como ella", me cuenta enfurecido el Señor M., un paciente de mediana edad que acaba de enterarse de que la esposa tiene una relación paralela hace más de dos años.

La suegra del Señor M. había sido prostituta y alcohólica. Y su marido, tras iniciar un juicio por incapacidad, la internó en un psiquiátrico y se la quitó de encima. La hija había crecido con una mamá enferma, no loca, y un papá que la dejó al cuidado de su tía una vez que logró deshacerse de su mujer.

"¿Ahora yo soy el maldito? ¿Cómo pretendes que maneje todo lo que siento?", me pregunta el Señor M. cuando le señalo que lo que hizo –escupirle, insultarla, compararla con su madre, amenazarla con que terminaría enjuiciada e internada como ella– había sido muy cruel.

Mi paciente tiene derecho a sentirse herido, incluso a sentir furia porque la esposa lo traicionó. Pero la violencia de su reacción, las palabras humillantes al referirse a la parte más traumática de la historia de la mujer y encarnar el lugar de aquel padre amenazante con la intención de lastimarla son actos excesivos. Y crueles.

Como dice la psicoanalista Silvia Bleichmar: "Nosotros (los psicoanalistas) no podemos analizar por qué alguien sufre cuando mata un bicho, nuestro problema es saber si goza cuando lo hace". Y el Señor M. parecía gozar con lo que hizo. Un goce que no tiene que ver con el placer, sino con la destrucción. Un concepto que desarrollaremos más adelante.

Por otra parte, mi paciente tenía el consultorio para descargar su emoción. Toda persona que está en un tratamiento psicológico tiene un espacio donde puede *escupir* su furia. Justamente, para no hacerlo en la cara de otros. De cualquier modo, no tenerlo, tampoco es excusa para explotar.

Hay distintas formas de procesar el enojo o el dolor. Esto no significa ceder a la ley del Talión (ojo por ojo) ni seguir el mandato religioso que nos conmina a "poner la otra mejilla". No. En todo caso, hacer lo posible para no herir al otro a pesar de estar heridos, para no abrir por la mitad las llagas más antiguas de los demás aunque ellos hayan abierto las nuestras.

Se trata de contener la crueldad de nuestro origen, que puja por salir en cualquier momento. Y esto es lo más difícil.

Si bien los textos mitológicos muestran de manera descarnada la maldad de los dioses, allí también podemos reconocer las emociones humanas más controvertidas: la traición, la venganza, la ira, los celos, el desamor, la desmesura, la desconfianza, la desesperación, la falta de piedad o de indulgencia.

Según la mitología griega, Cronos era un dios atormentado. Como no podía olvidar la profecía de sus padres, Urano y Gea, que le advertían que sería destronado por sus hijos, Cronos se deglutió a los primeros tres. Cuando nació Zeus, su hijo más pequeño, la madre lo escondió en un lugar seguro donde fue criado por tres ninfas. El niño creció y quiso vengar a sus hermanos. Así, ingresó al servicio del padre como copero de su confianza y le convidó un brebaje que lo hizo vomitar a los tres hijos que se había devorado. Los hermanos resucitaron. Durante diez años los hijos lucharon para terminar con su padre hasta que lograron vencerlo. Cumplida la venganza contra Cronos, Zeus repartió la gloria y el poder con ellos. A él le quedó el reino de los cielos, a Poseidón el mar, y a Hades el mundo subterráneo: el infierno.

Es notoria la similitud entre este relato clásico con *Tótem y tabú*, el texto que Freud escribió para hablar del surgimiento de las dos leyes que sostienen la cultura: la prohibición del incesto y el parricidio.

Según Freud, en un tiempo hubo un padre todopoderoso y déspota que lideraba su tribu. Imponía la ley y a la vez se ubicaba fuera de ella. Decidía cómo castigar a sus hijos y cuándo disfrutar de las mujeres de la comunidad. Un padre que gozaba sin freno. Hasta que los hijos acordaron matarlo y devorar su cadáver. Todos debían participar en el acto y, de ese modo, todos serían responsables. Cuando lo asesinaron, prometieron que nadie volvería a matar y que se repartirían las mujeres para que cada uno pudiera disfrutar de la sexualidad. Pero con límites. Algunas estarían prohibidas. Así, nadie volvería a ocupar el lugar del padre muerto.

Freud sostiene que este acto inaugura la ley que todos debemos cumplir para vivir en la cultura. Y que con el tabú aparece el concepto de conciencia moral: la percepción interior de desestimar los impulsos (deseos prohibidos) que existen en nosotros, la parte del Superyó que juzga la relación del sujeto con el bien y el mal. Esa instancia crítica vigila lo que alguien pueda desear sabiendo que está prohibido. Frena la acción, la desestima y condena el pensamiento mismo de desearla.

Lo paradójico es que, lejos de impedir el placer, esas prohibiciones lo permiten. Es decir que la ley, en lugar de prohibir el deseo, lo habilita. Al haber algunas mujeres prohibidas, las demás están permitidas. Porque en realidad lo que se busca prohibir no es el placer, sino el goce. La locura de poder todo.

Para Jacques Lacan, la prohibición funda el deseo.

Más adelante hablaremos de esto al desarrollar el concepto de Superyó.

Volviendo al mito griego, en el museo del Prado de Madrid se exhibe una de las pinturas negras de Goya que muestra cómo el dios Cronos (Saturno para los romanos), padre de Zeus (Júpiter), se devora a su hijo por temor a que lo destrone. En el cuadro pueden verse los ojos desorbitados de un padre que abre la boca para tragarse la cabeza de su hijo. Es decir: se ve –y se siente– el horror.

Con su pincel, Goya le puso imagen a una de las tantas escenas mitológicas crueles. Escenas donde encontramos todo tipo de espantos: hijos que se vengan de sus padres, padres que se los engullen, hermanos que se descuartizan y conjuros maliciosos que castigan a otros en nombre del amor, los celos o la revancha.

Pero Zeus no se contentó con destronar a su padre y ocupar su lugar. Al igual que Cronos, también él dio rienda suelta a su crueldad.

Aquí, una de las condenas divinas:

Tántalo era amigo íntimo del dios Zeus, que solía invitarlo a los banquetes olímpicos. Cierto día, Tántalo delató sus secretos y le robó alimentos divinos para compartirlos con sus amigos. Pero como eran insuficientes para sus invitados olímpicos, hizo algo peor: cortó en pedazos a Pélope, su propio hijo –para algunos considerado un bastardo–, lo cocinó y lo agregó al banquete que organizó en el monte Sípilo. Los dioses reconocieron de inmediato lo que les había servido y se retiraron del lugar horrorizados. Tántalo fue castigado con la ruina de su reino. Y tras su muerte a manos de Zeus, se le castigó con el tormento eterno. Debía estar suspendido de la rama de un árbol frutal que se inclinaba sobre un lago pantanoso y pasar eternamente consumido por el hambre y la sed. Si bien las olas del lago le tocaban la cintura y a veces llegaban hasta su boca, cada vez que Tántalo se inclinaba para beber, el agua retrocedía y quedaba el fango. Si alguna vez lograba sacar un poco de agua con sus manos, se le escurría entre los dedos y solo conseguía mojarse los labios, lo que le provocaba aún más sed. El árbol estaba siempre lleno de higos, peras y frutos relucientes, pero cada vez que Tántalo intentaba tomar una fruta, una ráfaga de viento la dejaba fuera de su alcance. Además, una piedra enorme que sobresalía por encima del árbol, amenazaba con aplastarle el cráneo de manera permanente.

Luego de propiciar a Tántalo un castigo sin fin, Zeus hizo revivir a Pélope.

¿Acaso ese castigo divino no se asemeja a la crucifixión que utilizaban los romanos o sus antecesores griegos, macedonios, asirios y persas, para la condena a muerte? La incitación de las olas a calmar la sed de Tántalo para dejarlo más sediento todavía, ¿no es similar a la que provocó el oficial romano con su trapo empapado en vinagre sobre la boca de Jesús? Los frutos relucientes del árbol a los que Tántalo quiere acceder y no puede aunque esté hambriento, ¿no son como los platos llenos de comida que sirven en esos restaurantes de la calle Corrientes y que el chico que pide una limosna bajo la lluvia ve pasar a través de los ventanales mientras siente que el hambre le parte el cuerpo?

¿Cuál es la diferencia?

Lo que sucede en los mitos sucede en la vida. Y si miramos al costado, podremos ver réplicas de las atrocidades míticas en cualquier parte.

Hay muchos ejemplos de madres/padres que desprecian a sus hijos por distintos motivos, tanto en los cuentos de la mitología como en la realidad que nos circunda. Una madre que rechaza a su hijo es una madre cruel.

Cuenta Robert Graves que Hefesto, el hijo de Hera, era feo, malhumorado y sufría una discapacidad física. Al nacer, su madre lo dejó caer desde el Olimpo para librarse de su vergüenza. Hefesto se precipitó al mar. Dos diosas lo rescataron y lo cuidaron en una gruta subterránea. El niño instaló allí su primera herrería y premió a sus salvadoras con objetos ornamentales. Luego de nueve años, Hera se encontró con Tetis (una de las diosas que lo había rescatado) y le preguntó de dónde había sacado un broche hermoso que llevaba puesto. La diosa vaciló, pero enseguida le dijo la verdad. De inmediato, Hera fue en busca de su hijo, lo hizo regresar al Olimpo, le instaló una herrería mucho más grande y arregló para que se casara con Afrodita. Hefesto se reconcilió con su madre y le reprochó a Zeus por haberla colgado de las muñecas desde el firmamento cuando ella se rebeló contra él. Zeus, furioso, lo tiró de nuevo del Olimpo. Cuando Hefesto dio contra la tierra, en la isla de Lemnos se rompió las piernas. Tiempo después fue perdonado y regresó al Olimpo. Pero ya solo podía caminar con la ayuda de unos soportes de oro.

En este mito encontramos varios hechos perturbadores: por un lado el desprecio de una madre por un hijo imperfecto a los ojos de la hermosura olímpica; por otro, la recompensa que la misma madre otorga cuando descubre una cualidad del hijo que también tiene que ver con la belleza. El hijo devenido en artesano confecciona joyas hermosas y de esa forma obtiene la aprobación para volver con ella al hogar. A su vez, Zeus se enoja con él por haberlo enfrentado, por eso lo destierra hasta quebrarle las piernas.

Los desprecios o enojos de las madres y los padres siempre dejarán marcas. A veces, esas señales nos sirven de guía para elegir –y vivir– mejor. Pero otras, se convierten en golpes letales para nuestra psiquis y nuestro cuerpo. Puntapiés que nos definirán un camino de vacilación permanente, donde deberemos encontrar algunos bastones –como Hefesto– para seguir de pie.

Por su parte, la belleza de los hijos a la que aspira la diosa Hera no es más que una de las aspiraciones –¿crueles?– sobre la cual se define la humanidad. Y de esto, hablaremos más adelante.

Si los dioses fueron capaces de tanta atrocidad: ¿cómo no sería capaz el ser humano, que está *hecho a su imagen y semejanza*?

Los dioses mitológicos han sido crueles.

El Dios judeocristiano, también.

MUEREN LOS DIOSES. NACE DIOS

Durante la época clásica de Occidente, los griegos y los romanos adoraban a múltiples dioses y diosas que personificaban distintos aspectos de la vida y la naturaleza. Platón y Aristóteles comenzaron a desarrollar conceptos de una divinidad única y suprema, aunque esto no reemplazó el panteón olímpico de la religión popular.

La llegada del monoteísmo no se dio a partir de un evento único; fue un proceso gradual que se desarrolló a lo largo de varios siglos, influenciado por sucesos históricos, líderes religiosos, hechos culturales y conveniencias políticas. Este cambio marcó no solo la religión y la cultura judías, sino también la evolución de las religiones posteriores, como el cristianismo y el islam.

Las tribus israelitas originales, al igual que sus vecinos cananeos, eran politeístas y adoraban a múltiples dioses: Baal, El y Asherah, entre otros. Yahvé era uno de ellos y posiblemente comenzó como un dios de tormentas o un dios tribal de los israelitas. Con el tiempo, las tribus de Israel empezaron a centrarse en Yahvé como su dios principal, aunque todavía reconocían a otros. Este período es conocido como henoteísmo, donde se adoraba a un dios sin negar la existencia de los demás.

Durante el Éxodo, cuando Moisés lideraba a su pueblo fuera de Egipto, los israelitas hicieron un pacto con Yahvé en el Monte

Sinaí, comprometiéndose a adorarlo solo a Él. Los Diez Mandamientos reforzaron este compromiso. Profetas como Isaías, Jeremías y Ezequiel jugaron un papel clave. Ellos predicaban que Yahvé era no solo el Dios de Israel, sino el único Dios de todo el universo, e introdujeron un componente ético de justicia, misericordia y rectitud moral.

La destrucción del Primer Templo de Jerusalén en el año 587-586 a.C. y el exilio babilónico fueron eventos cruciales que consolidaron el monoteísmo. Lejos de su tierra y de su templo, los israelitas se aferraron a la idea de un único Dios omnipresente. Tras el regreso del exilio se implementaron reformas religiosas que reforzaron la adoración exclusiva de Yahvé.

El cristianismo surgió como herencia del judaísmo y, por ende, también heredó su monoteísmo. Aunque los cristianos creen en un solo Dios, este es entendido como una Trinidad (Padre, Hijo y Espíritu Santo), lo que añadió una característica particular al monoteísmo cristiano.

Antes del islam, la Península Arábiga tenía una diversidad de prácticas religiosas, muchas de las cuales eran politeístas. Mahoma predicó el monoteísmo estricto, enfatizando la adoración de un solo Dios, Alá.

La transición desde el politeísmo indoiranio comenzó con Zoroastro (o Zaratustra), que reformó la antigua religión iraní, que era politeísta, promoviendo la adoración de un solo dios, Ahura Mazda, mientras que otros espíritus (dioses menores) se convirtieron en deidades benévolas o demonios (druj). Aunque el zoroastrismo es monoteísta, también incorpora elementos dualistas con la lucha entre el bien (Ahura Mazda) y el mal (Angra Mainyu).

El hinduismo es ampliamente conocido por la adoración a varios dioses, pero también tiene un concepto monoteísta en la forma de Brahma, la realidad suprema e impersonal que subyace a todas las deidades y el universo. Los otros miembros de la tríada hinduista

(Vishnú y Shiva) solo son máscaras de Brahma. Vishnú es el de las "vicisitudes" (de ahí viene la palabra), que hace que nosotros vivamos lo que creemos que son nuestros deseos, sufrimientos, nuestra propia vida, mientras Brahma duerme y nos sueña. Shiva, en cambio, es el destructor. El que destroza el mundo. Cuando termina su tiempo (porque se van alternando) se retira y al darse vuelta puede verse en su espalda el rostro de Brahma, que despierta de su sueño para comenzar un nuevo período. La crueldad queda del lado de Shiva. Aunque también es Brahma.

En su texto *Moisés y la religión monoteísta*, Freud analiza el pasaje del politeísmo a un Dios universal y relaciona la vida anímica de los pueblos con la psiquis de los individuos.

Dice: "La solución de los creyentes contiene la verdad, pero no la verdad material sino la verdad histórico-vivencial [...]. No creemos que hoy exista un único gran dios, sino que en tiempos primordiales hubo una única persona que entonces debió de aparecer hipergrande, y que luego ha retornado en el recuerdo de los seres humanos enaltecida a la condición divina [...]. Cuando Moisés aportó al pueblo la idea del dios único, ella no era nada nuevo, sino que significaba la reanimación de una vivencia de las épocas primordiales de la familia humana, desaparecida desde largo tiempo de la memoria consciente de los hombres [...]. Por los psicoanálisis de personas individuales hemos averiguado que sus tempranísimas impresiones, recibidas en una época en que el niño era apenas capaz de lenguaje, exteriorizan en algún momento efectos de carácter compulsivo sin que se tenga de ellas un recuerdo consciente [...]. Nos consideramos con derecho a suponer lo mismo respecto de las tempranísimas vivencias de la humanidad entera. Uno de esos efectos sería el afloramiento de la idea de un único gran dios [...] un recuerdo, sin duda que desfigurado [...]. Una idea así tiene carácter compulsivo, es forzoso que halle creencia. Hasta donde alcanza su desfiguración, es lícito llamarla delirio; y en la medida en que trae el retorno de lo pasado es preciso llamarla verdad".

En el mismo texto, Freud sostiene: "Lo que los niños han vivenciado a la edad de dos años, sin entenderlo entonces, pueden no recordarlo nunca, salvo en sueños; solo mediante un tratamiento psicoanalítico puede volvérseles consabido. Pero en algún momento posterior irrumpe en su vida con impulsos obsesivos, dirige sus acciones, les impone simpatías y antipatías, y con harta frecuencia decide sobre su elección amorosa [...]. Debido a la vivencia se eleva una demanda pulsional (energía) que pide satisfacción [...]. El yo se defiende del peligro mediante el proceso de la represión. La moción (exigencia) pulsional es inhibida de algún modo, y es olvidada la ocasión [...]. Sin embargo, el proceso no concluye con esto; o la pulsión ha conservado su intensidad, o rehace sus fuerzas, o es despertada por una nueva ocasión. Renueva entonces su demanda, y como aquello que podemos llamar la cicatriz de represión le mantiene cerrado el camino hacia la satisfacción normal, se facilita en alguna parte, por un lugar débil, otro camino hacia una satisfacción llamada "sustitutiva", que ahora sale a la luz como un síntoma [...]. Todos los fenómenos de la formación de síntoma pueden describirse con buen derecho como un 'retorno de lo reprimido'".

En otras palabras, Freud señala que las vivencias de los primeros años, aunque sean olvidadas, resultan fundamentales para la vida adulta. De allí, surgirá nuestra forma de amar, nuestra manera de sufrir y muchos de los síntomas a los que no les encontramos razón.

¿Por qué no puedo dejar de hacer algo que sé que me hace daño? ¿Siempre voy a elegir relaciones que me lastiman? ¿Por qué no puedo disfrutar de mis logros? Y tantos interrogantes que encuentran su origen en una experiencia antigua que no recordamos.

Luego, Freud remarca la existencia de una energía psíquica, pulsional, que nos recorre y exige una respuesta que la calme. Y se definen los síntomas como el modo equivocado en el que cada persona intenta satisfacer la demanda de esa energía.

Todos los días en el consultorio escucho los síntomas de mis pacientes, que de un modo claro manifiestan, por ejemplo, su deseo de no parecerse a sus padres o madres. "Vengo porque no quiero ser igual a mi mamá", fue la frase de una joven en nuestra primera entrevista. Y, sin advertirlo, sus acciones generaban lo opuesto.

En cualquier caso, muchas personas intentan escapar de esas identificaciones primarias, pero en sus actos y en sus síntomas percibo las voces de esos padres y madres que los marcaron en la infancia.

Es decir que, tal como las vivencias infantiles olvidadas producen manifestaciones en los adultos, Freud deduce que las vivencias tempranas de toda la humanidad influyen en las creencias de los seres humanos de hoy.

Así, supone la existencia originaria de un gran hombre –un cacique, un guerrero o el chamán de una tribu–, considerado un padre todopoderoso que, con el tiempo, las generaciones venideras elevaron a la categoría de Dios único.

Siendo entonces que el origen de ese Dios no fue más que un ser humano, no extraña que esa deidad haya heredado sus características y, por ende, esté llena de actos inexplicables y crueles.

Es decir: un Dios creado a imagen y semejanza del hombre. No al revés.

Para seguir, nos centraremos en la religión judeocristiana.

DIOS. EL ÚNICO. LA VENGANZA

Llueve.

Desde que soy una niña la lluvia me trae algo de nostalgia. Nostalgia por los que se fueron pronto de mi mesa, como mi abuela Sara, que me dejó cuando apenas cumplía quince. Aunque algunas cosas se fueron antes, mucho antes. A los diez años, por ejemplo, perdí un mundo en un pueblo de ojos buenos. Y también perdí un hogar donde crecían hortensias. Nunca más vi las hortensias ni las estrellas en noches frías. Para mí, las estrellas también se murieron pronto.

La lluvia siempre me trae recuerdos infantiles. Tal vez por eso, cuando llueve fuerte como hoy, suelo deambular por la biblioteca buscando algo nuevo para distraerme. Hay algunos libros que están en los estantes desde hace tiempo y que no suelo ver, como si fueran parte del decorado. En este caso, me topé con *Los mitos hebreos*, de Robert Graves y Raphael Patai. Azar, destino o alguna intención inconsciente me habrá guiado hasta ahí. Porque en medio de esta lluvia yo quería escribir sobre el diluvio universal.

Según cuenta Graves, cuando nació Noé, hecho que coincidió con la muerte de Adán, el mundo mejoró. Hasta entonces, la mitad de las cosechas de trigo eran de espinos y abrojos, pero Dios levantó su maldición. Noé le enseñó a los hombres a hacer arados, hoces, hachas y otras herramientas para sustituir las manos. Y fue el único varón justo de toda su generación. Los demás estaban sumidos en el pecado. Y por culpa de ellos la Tierra "se hallaba llena de violencia".

Dios le adelantó a Noé que desataría una venganza y que había decidido destruir a todas las criaturas, excepto a las que obedecieran Su voluntad. Noé difundió la noticia y se dedicó a predicar el arrepentimiento. Aunque sus palabras quemaban como antorchas, la gente se burlaba de él.

Entonces Dios le ordenó que hiciera un arca de madera para llevarse a su familia y a un macho y una hembra de cada especie animal. Así, pasó cincuenta y dos años construyendo el arca lentamente, con la esperanza de demorar la revancha divina. Pero Dios no cambió de opinión.

Párrafo interesante que deja la crueldad del lado de Dios y la bondad del lado de Noé. En este episodio el hombre muestra su diferencia. Ya no está hecho a imagen y semejanza del Creador. Se distingue por su ambivalencia, esa contradicción en la que a veces también se juega la bondad. Aunque, como veremos, no pueda dejar de ser cruel.

El Diluvio comenzó el decimoséptimo día del segundo mes, cuando Noé tenía seiscientos años. Él y su prole entraron en el arca y Dios mismo cerró la puerta tras ellos. De inmediato, las aguas cubrieron todo y arrasaron con la vida en la tierra.

Cuando pasaron 150 días –según algunos autores fueron cuarenta–, Dios clausuró las compuertas del Cielo con dos estrellas tomadas de la Osa Mayor. Y el día 27 del segundo mes, la Tierra ya estaba seca.

Todos estamos enterados de estos hechos bíblicos. Y vemos en Noé a un hombre sacrificado que salvó muchas especies y pugnó por la preservación de lo animal y de lo humano. Pero si recorremos las Escrituras, encontramos destellos de violencia, misoginia, discriminación, arbitrariedad y venganza. De crueldad. Con y sin sangre.

Esto que parece tan lejano o tan ficticio, un mito bíblico que acompaña la historia de la humanidad, también ocurre en nuestros días, en la vida de cada uno de nosotros. Muchas veces, sin que nos demos cuenta.

El Señor P. me llama desesperado. Hace un año dejó de venir a sesión. Hoy, me pide un horario urgente. Acepto verlo al otro día.

"Mi esposa me pidió que me fuera de casa", dice apenas se sienta. Y se pone a llorar. Luego de unos minutos, continúa: "Me quedé helado. No supe qué decir". Le pregunto qué paso y responde que no tiene idea, que no se lo esperaba, que de un día para el otro la mujer vino con ese planteamiento y él no sabe adónde ir. "Tengo que dejar mi casa, mis hijos, los asados de los domingos con la familia, todo por lo que luché desde hace años. ¡Entiendes que solo puedo agarrar una bolsa y ni siquiera sé qué llevarme!"

Claro que lo entiendo. Mi paciente habla de sus pérdidas. Está angustiado. Cree que ya no tiene rumbo y piensa que nada queda por delante.

Cierto es que hay cosas que no podemos llevar. Yo no pude llevarme las hortensias ni las estrellas de aquel pueblo, pero me traje los ojos buenos de su gente y una forma de mirar que me acompaña hasta hoy. Y que agradezco. Cosas que uno se da cuenta con los años.

Intervengo para que el Señor P. pueda ver su realidad de otro modo. Y le digo: "En este momento te sientes solo en medio de un diluvio. Tu mundo se desmorona. Lo que amas está amenazado y tienes miedo de perder todo. Pero estás confundido. El hecho de que pierdas algo trascendente, como tu casa o tu esposa, no significa que debas perderlo todo. Hay otras cosas importantes que no tienes por qué perder. Ni dejar ir. No solo vas a llevarte lo que quepa en esa bolsa, además está el amor de tus hijos, el cariño de tus amigos y futuros asados con tu familia en un hogar distinto. Un hogar que ahora tienes el desafío de construir".

El marcapasos del destino se llama destrucción. Todos hemos perdido un mundo en algún momento. La ingenuidad de la niñez, la potencia de la juventud, relaciones importantes, buenos trabajos u hogares donde fuimos felices han quedado lejos. Incluso las ilusiones se desvanecen a cada rato, porque *el porvenir de una ilusión es la desilusión*. Y, al igual que Noé, debimos enfrentar la tarea de subir a nuestra arca las cosas, las personas o los sueños que de alguna manera quisimos conservar. Y armar una balsa para seguir. Es decir, construimos sobre el barro del pasado para enfrentar el dolor de esas pérdidas.

El problema es que muchos suben a su barca formas de ser en el mundo que deberían haber dejado atrás: desconfianza, actitudes vengativas, críticas constantes a los otros, maltratos, soberbia, cobardía o desvergüenzas.

Tal vez, el reto más audaz de la vida sea evitar perder todo, en especial en esos momentos en que creemos haber perdido todo. Y construir las bases de algo distinto para desechar eso que nos hizo arruinar aquel mundo que hoy extrañamos. Y que tiene que ver con algo de nosotros. Responsabilizarnos.

Un reto que no siempre tenemos el valor de asumir.

SODOMA Y GOMORRA

El diluvio universal no fue el único castigo dirigido a los humanos. Los mitos hebreos relatan otros momentos que reflejan la ira de Dios. En este caso, contra los ciudadanos impiadosos de Sodoma.

"Los sodomitas figuraban entre las naciones más ricas [...]. El esclavo iba al campo y descubría oro bajo las raíces; del mismo modo, cuando se segaba la mies, se encontraba plata, perlas y piedras preciosas que habían salido bajo los rastrojos. Pero las grandes riquezas descarrían a los hombres. Un sodomita nunca daba ni un mendrugo de pan a un forastero; e incluso podaba las higueras para que las aves no pudieran comer los frutos [...]. Para alejar a los visitantes, sus ciudadanos aprobaron una ley según la cual quien ofrecía comida a un forastero, debía ser quemado vivo. En vez de ayudarle, se debía despojar al forastero de todo lo que poseía y expulsarle de la ciudad completamente desnudo".

Graves y Patai nos cuentan que en Sodoma se celebraba un banquete al año donde se bailaba hasta el amanecer. Después de beber mucho, cada hombre se apoderaba de la mujer de su vecino, o de su hija virgen, para gozar de ellas. A nadie le importaba que su propia esposa se uniera a otros. Todos se divertían durante los cuatro días que duraba la fiesta.

La maldad de los habitantes parecía no tener límites.

Se cuenta que en las calles de la ciudad, solían poner lechos para medir a los forasteros. Si la estatura del hombre era más corta, le estiraban las piernas, la cabeza y los brazos hasta que cuadrara en la cama. En cambio, si el lecho era más pequeño, presionaban la cabeza y las piernas de la víctima hasta hacerla encajar. "Cuando el pobre desgraciado gritaba en su agonía, los sodomitas decían: '¡Silencio! Aquí esta es una costumbre antigua'".

Yahvé le confió a Abraham el propósito de corroborar los pecados que se practicaban en Sodoma. Así, adoptó la forma de dos ángeles para bajar del cielo hasta la tierra.

Los ángeles llegaron hasta la casa de Lot, un sobrino de Abraham, que enseguida los invitó a pasar. En ese momento, una multitud le pidió a los gritos que sacara a los forasteros de la casa para que pudieran divertirse con ellos.

Lot se negó: "Por favor, vecinos, no hagáis esa maldad. Son mis huéspedes y no puedo dejar que abuséis de ellos". Y en su lugar, les propuso algo monstruoso: "Preferiría que desflorasen a mis dos hijas vírgenes; iré a buscarlas para que podáis satisfacer vuestra lujuria". Los vecinos intentaron entrar por la fuerza igual. Pero no pudieron.

En recompensa por su actitud, los ángeles le confiaron a Lot que tenían órdenes de destruir la ciudad. Le recomendaron que reuniera a su familia y que se fueran sin mirar atrás ni detenerse. "Apresúrate, porque la venganza de Dios sobre Sodoma y Gomorra está madura".

Yahvé hizo llover azufre y fuego sobre Sodoma y las regiones cercanas, Gomorra, Seboim, Adama y Segor. En ese momento, la mujer de Lot, que se había retrasado, miró hacia atrás para ver si sus hijas estaban cerca, y de inmediato se convirtió en una estatua de sal.

En los cuentos mitológicos aparecen ciudades fulminadas por la acción divina como castigo a un mal comportamiento. Según los árabes, Birket Ram, un volcán extinguido en el norte de Galilea, cubrió con sus erupciones una ciudad cuyos habitantes eran poco generosos. Ferecides cuenta que Gortina, una ciudad de Grecia, fue destruida por Apolo debido a la conducta licenciosa de sus habitantes.

Podríamos decir, entonces, que en los relatos míticos y en el origen de las escrituras bíblicas hasta los dioses fomentan la destrucción del otro cuando sus actos no los satisfacen. Está permitido hacerlo sufrir y eliminarlo.

Si a lo largo de la historia, tanto los dioses como (el único) Dios, se han adjudicado semejantes revanchas, ¿por qué no habría de permitírselo el ser humano?

LEY DEL TALIÓN

El Señor N. guarda silencio. Termina de contar que se ha vengado de su socio, que le ocultó el cobro de una comisión, tal como él hizo meses atrás. Según sus palabras, ahora están a mano. "¿Y cómo se siente?", le pregunto luego de unos segundos. El Señor N. baja la cabeza y dice: "Mal".

La Ley del Talión viene de tiempos mesopotámicos. Históricamente, constituye el primer intento de establecer una proporcionalidad entre el daño recibido en un crimen y el daño producido con el castigo, siendo así el primer límite a la venganza.

El "código Hammurabi" es uno de los primeros conjuntos escritos de leyes en la historia de la humanidad. Es notable por su influencia en el desarrollo posterior del derecho en diversas culturas, como las civilizaciones griega y romana, y por el intento de establecer principios de justicia y equidad que a la luz de los estándares modernos resultan irracionales.

El código contiene un conjunto de leyes promulgadas por el rey Hammurabi de Babilonia alrededor del año 1754 a.C. para regular asuntos civiles, penales y comerciales (leyes que preceden lo que luego aparecerá en el Levítico bíblico).

Una característica del código es el principio de "ojo por ojo, diente por diente", que establece que la pena debe ser proporcional al delito cometido.

Acá, algunos ejemplos:

- Si un señor acusa a otro señor y presenta contra él la denuncia de homicidio, pero no la puede probar, su acusador será castigado con la muerte.
- Si un señor roba la propiedad religiosa o estatal, ese señor será castigado con la muerte. Además el que recibió de sus manos los bienes robados será castigado con la muerte. Si el ladrón no tiene con qué restituir, será castigado con la muerte. Si el vendedor es el ladrón será castigado con la muerte. El propietario del objeto perdido recobrará su objeto perdido.
- Si un señor ayuda a escapar por la gran puerta a un esclavo estatal o a una esclava estatal o a un esclavo de un subalterno o a una esclava de un subalterno recibirá la muerte. Si un señor dio refugio en su casa a un esclavo o a una esclava fugitivos, perteneciente al estado o a un subalterno y si no lo entregó a la llamada del pregonero el dueño de la casa recibirá la muerte. Si un señor prende en campo abierto a un esclavo o esclava fugitivos y lo devuelve a su dueño, el dueño del esclavo le dará dos siclos de plata. Si retiene al esclavo en su casa y después el esclavo es hallado en su posesión, el señor recibirá la muerte.
- Si un hombre libre le rompe un hueso a otro hombre libre, se le romperá a él también ese hueso.
- Si un hijo maltrata a su padre se le amputarán las manos.
- Si un esclavo golpea en la cabeza a un hombre libre, se le cortará una oreja.

El código fue descubierto en una gran estela de diorita en 1901 en Susa, actual Irán. Actualmente se conserva en el Museo del Louvre en París, Francia, donde es objeto de estudio e interés para historiadores y juristas.

La discusión sobre el código Hammurabi es compleja. Fue una de las primeras tentativas documentadas de establecer un conjunto de leyes escritas y sistemáticas en la historia. Y como tal, representa un avance significativo en la organización de la sociedad. Pero debe ser entendido en el contexto de su época.

El código introdujo principios legales que han influido en sistemas jurídicos posteriores y en la idea de justicia retributiva (castigo proporcional al delito), la regulación de contratos y la protección de la propiedad privada. Desde esta perspectiva, puede ser visto como un avance hacia la civilización y el orden social. Sin embargo, también refleja prácticas que desde una mirada contemporánea son horrorosas, en tanto las penas no son proporcionales al daño causado y casi siempre terminan con la amputación o la muerte. Además, las disposiciones sobre la esclavitud, la posición de la mujer y la aplicación desigual de la ley dependiendo del estatus social, resultan inaceptables como idea de justicia en la actualidad.

En la misma línea del "ojo por ojo", la mayoría de los capítulos del Levítico, uno de los libros del Antiguo Testamento, describen los discursos de Yahvé a Moisés para que sean repetidos a los israelitas.

En algunos pasajes se lee:

> 17 Asimismo el hombre que hiere de muerte a cualquier persona, que sufra la muerte.
>
> 18 Y el que hiere a algún animal ha de restituirlo: animal por animal.
>
> 19 Y el que causare lesión en su prójimo, según hizo, así le sea hecho.
>
> 20 Rotura por rotura, ojo por ojo, diente por diente: según la lesión que habrá hecho a otro, tal se hará a él.

La Señora P. tiene cuarenta y dos años. Llega al consultorio muy angustiada. Hace tiempo siente que el marido la engaña. No tenía pruebas, hasta hoy. Me cuenta que la noche pasada no pudo dormir, que a las tres de la madrugada decidió ir hasta el escritorio de él, abrir su computadora y buscar. Le tomó casi una hora dar con un mail que el esposo había borrado de la bandeja de entrada hacía poco menos de un mes, pero no lo eliminó de la papelera. El texto decía: "No puedo más con esto. Resolvamos. Te amo, Carla". En ese momento mi paciente casi se desmaya. Describe que le faltó el aire y le dolía el pecho. "Me agarró una taquicardia tan fuerte que empecé a sentir los golpes en mi corazón". Resulta que Carla es su mejor amiga y que con Raúl –la pareja de Carla– son íntimos amigos de ella y el marido. Es decir que la infidelidad, a su vez, traicionaba la amistad. "No puedo creerlo", dice sin llorar. Y agrega: "Tú sabes que hace tiempo pienso que es infiel, pero te juro que nunca me imaginé que su amante pudiera ser mi amiga. ¡Mi mejor amiga desde los cinco años! ¿Cómo me hicieron esto? ¿Cómo él pudo hacerle eso a su amigo? No entiendo nada...". A la semana siguiente, me cuenta: "No hablé con ninguno. Estoy preparando un plan. Quiero cogerme a Raúl ¿Qué opinas?". Decido no entrar en el juego que plantea hacerme cómplice de sus planes, y me quedo en silencio. "Ya sé que no estás de acuerdo, pero lo voy a hacer igual. Me vieron la cara todo este tiempo. Ahora se la tengo jurada". Los cuatro tenían un viaje programado a la costa. La Señora P. decide viajar, a pesar de todo. A su regreso, se le escucha indignada: "¡No sabes lo bien que disimulan! Les sale a la perfección el papel de inocentes". Y luego me cuenta que aprovechó los días para acercarse más a Raúl e insinuarle una intención erótica que él no rechazó. "Parece que me tiene ganas –se ríe–, quedamos en vernos en su oficina la semana que viene". A la sesión siguiente llega seria y se sienta frente a mí sin hablar. Luego de unos minutos, dice: "Fui. Apenas entré se me echó encima y me empezó a tocar las tetas. Le dije que no se apurara tanto, que me diera un poco de tiempo... Me sirvió una copa de champagne que tenía ahí, ya preparado, me abrazó y me empezó a besar el cuello. 'Siempre me gustaste', me dijo. ¿Puedes creerlo? En ese momento me relajé un poco y le permití que me quitara la blusa. Pero al instante me puse a llorar. Me quebré... No puedo, no puedo, no puedo, repetí como veinte veces". Y se pone a llorar, ahora frente a mí, con el cuerpo inclinado hacia adelante.

La ley del Talión o las revanchas solo desenmascaran nuestras miserias. Y si bien podemos entender que aquellas premisas han sido de gran ayuda para ordenar algunas civilizaciones antiguas, la búsqueda de la venganza resulta hoy reprochable. Y algo que no todos pueden llevar a cabo.

Como dijo Mahatma Gandhi: "Ojo por ojo y el mundo quedará ciego".

El sentido de la lógica vengativa dice: si me fuiste infiel, lo seré yo contigo; si –además– lo hiciste con mi mejor amiga, intentaré seducir a su pareja y hacerte lo mismo.

Mi paciente no pudo. Se quebró antes, y meses más tarde lo agradeció en sesión: "Por suerte no lo hice. Me hubiera sentido tan mal... Era mejor separarme, pero en ese momento estaba ciega".

Haber actuado igual que el marido habría sido un acto que no hubiera soportado. Algo canalla consigo misma. No quería ser esa persona. Y no lo fue.

Si alguien se siente humillado o traicionado, resulta todavía más humillante traicionar, actuar igual que el traidor. Eso denigra. Y puede angustiarnos más.

No siempre es posible la venganza. Hay grados de crueldad que no están al alcance de cualquiera. Cada persona debe soportar las consecuencias de sus actos. Hay estructuras psíquicas, las perversiones, por ejemplo, que carecen de culpa y avanzan hacia la crueldad sin angustiarse. Y otras, que no soportan el peso de su propia maldad cuando esa maldad resulta extrema.

La señora P. estaba furiosa, pero no pudo responder con la lógica del ojo por ojo. Porque muchas veces, hasta la crueldad tiene límites que resultan insoportables.

Hay jerarquías para amar. No todos los amores son iguales. También hay jerarquías para reaccionar ante una ofensa. En ambos casos hay amores que deben priorizarse. Y el que nunca debe faltar es el amor propio. Aunque sea lábil, ese amor tiene que estar en la cima de la escala.

Por otra parte, si seguimos la lógica de la venganza, en situaciones más comprometidas estaríamos ante premisas como: si me robas, lo haré yo también; si matas a mi hijo, me convertiré en asesino y mataré al tuyo. Lo cual resulta inaceptable.

Pero no seamos ingenuos. Sabemos que aún hoy existen personas que traman y hasta se juegan la vida por un desquite, y creen que el sufrimiento del otro les traerá alivio. O alguna recompensa.

A pesar de que algunos se esfuerzan en preparar una venganza para responder a una ofensa, con un costo altísimo –ir preso o arruinarse la vida, por ejemplo–, debemos señalar que la psiquis no funciona de esa forma. Pensar que la represalia genera alivio, es ponerle un disfraz al dolor y condenarse al horror.

Hay quienes no pueden o no quieren comportarse del mismo modo que quien les hizo daño porque el respeto por sí mismos tiene más valor. No se trata de ser indulgentes o seguir los preceptos que indican poner "la otra mejilla" o amar a los demás como a nosotros.

Como veremos, esos también son preceptos equivocados.

EL NUEVO MANDAMIENTO

En los Evangelios, Jesús le impone a la humanidad un desafío: "Amarás a tu prójimo como a ti mismo".

Y aparece un problema.

Freud alude a esto en *El malestar en la cultura*: "Mi amor es algo valioso para mí, no puedo desperdiciarlo sin pedir cuentas... Si amo a otro, él debe merecerlo de alguna manera [...]. Pero, si es un extraño para mí, y no puede atraerme [...] me será difícil amarlo. No es solo que ese extraño es, en general, indigno de mi amor [...], se hace más acreedor de mi hostilidad y aun a mi odio. No parece albergar el mínimo amor hacia mí, no me tiene el menor miramiento. Si puede extraer una ventaja, no tiene reparo alguno en perjudicarme [...], no se priva de burlarse de mí, de ultrajarme, calumniarme, exhibirme su poder".

Retomando el tema, en *El Seminario 7, La ética,* Jacques Lacan afirma: "El goce es un mal [...] porque entraña el mal del prójimo [...]. Quienes prefieren los cuentos de hadas hacen oídos sordos cuando se les habla de la tendencia nativa del hombre a la maldad, a la agresión, a la destrucción, y también, por ende, a la crueldad".

La palabra francesa *prochain* es a la vez prójimo y próximo. Lacan juega con el doble sentido del término para decir: "Cada vez que Freud se detiene, como horrorizado, ante la consecuencia del mandamiento del amor al prójimo, lo que surge es la presencia de esa maldad fundamental que habita en ese prójimo. Pero, por lo tanto, habita también en mí mismo. ¿Y qué me es más próximo que ese prójimo, que ese núcleo de mí mismo que es el del goce, al que no oso aproximarme? Pues una vez que me aproximo a él [...] surge esa insondable agresividad ante la que retrocedo, que vuelvo en mi contra [...]. El goce de mi prójimo, su goce nocivo, su goce maligno, es lo que se propone como verdadero problema para mi amor".

La paradoja que plantean los Evangelios es muy evidente.

Sigue Lacan: "El retroceso ante el *Tú amarás a tu prójimo como a ti mismo* es lo mismo que la barrera frente al goce. Retrocedo [...] en la medida en que en ese horizonte hay algo que participa de no sé qué intolerable crueldad. En esa dirección, amar a mi prójimo puede ser la vía más cruel".

Dos planteamientos diferentes.

Según Freud no tengo por qué amar (*libidinizar*) al prójimo como a mí mismo porque no se ha ganado ese derecho. No me ama como lo hago yo y no merece ese afecto. "No todos los seres humanos merecen ser amados".

Lacan, en cambio, deja de lado la libido y apunta a la pulsión de muerte. Entonces, en tanto hay una parte de mí que me odia, si amara al otro como a mí mismo no me quedaría más que compartir con él la tendencia a lastimarnos mutuamente.

Pero más allá de esa diferencia, la maldad de la que habla primero Freud (en el otro) y luego Lacan (en uno), la misma de la que hablaba Yahvé cuando decidió el castigo del Diluvio, es lo que llamamos goce: una energía destructiva que nace con nosotros y nos empuja al vacío sin que nos demos cuenta. Y nos hace destruir cosas, personas, sueños, relaciones, nuestro cuerpo o el cuerpo de los demás.

Es el goce de los siete pecados capitales; el goce del que fuma, del que come o bebe descontroladamente, de quien se queda en relaciones que lo lastiman, de quien desarma un proyecto que le salió bien o el que traiciona un vínculo de amor que lo hacía feliz; el goce de la manía, la depresión, las adicciones, de los que consumen sin freno y son –a su vez– consumidos por la tecnología o las redes sociales; el goce de la violencia, la agresión, la envidia o la revancha. El goce de la búsqueda siniestra de la perfección o la belleza a cualquier precio.

Entonces: ¿quién puede imponerse un amor universal cuando –en rigor– tiene el amor propio agujereado por el goce?

Los humanos somos ambivalentes. Y aun teniendo la fortuna de haber crecido con las garantías que todo niño necesita para acreditar la estima por su cuerpo y su persona –que se inaugura con las primeras sonrisas y caricias de la madre, el padre, o sustitutos–, también habrá contradicciones con relación a esa estima.

Habrá momentos en los que el afecto hacia nosotros se volverá tirano, y escucharemos voces desde nuestro interior –sin estar alucinando– que nos dirán que no estamos en el buen camino, que hicimos mal las cosas, que merecemos sentir culpa y ser castigados, que somos imperfectos, que no intentemos alcanzar un sueño porque jamás vamos a lograrlo, o los demás serán mejores o no seremos elegidos.

Esas son las voces "oscuras" que nos habitan y nos lastiman. Las que quedaron grabadas a partir de actos o palabras que vimos y escuchamos de niños. Las voces que alguna vez nos dijeron –o nos hicieron sentir– que somos inútiles, que no van a querernos, que nada es suficiente, que debemos alcanzar el éxito a cualquier costo, que no satisfacemos las aspiraciones que han tenido sobre nosotros, que somos feos –como Hefesto–, gordos, malos, ingratos o enfermos.

Las voces de nuestros fantasmas que en mayor o menor medida perturban la psiquis de cualquiera.

Y aparecerán la inhibición, los síntomas y la angustia.

Dudaremos del amor hacia nosotros todo el tiempo. Y nos sentiremos frustrados, enojados, celosos, inseguros, carentes, desilusionados, temerosos, crueles.

Todo ello, si tenemos la fortuna de querernos.

Porque muchas personas ni siquiera lo han logrado. Y se desprecian. Y desde ese lugar se relacionan con el mundo. Y si no aprenden a valorarse o a limitar su forma de gozar, es decir, a ponerle un freno a esas voces oscuras que los atormentan, si no consiguen construir los bastones de Hefesto para andar a pesar de sus marcas, jamás podrán querer a otros de manera sana.

Si de este modo nos amamos: ¿así debemos amar al prójimo?

Qué fantasía el amor al otro como a sí mismo.

Qué locura. Y qué error.

POSTAL 4

SIEMPRE HABRÁ UN MAÑANA

C´È ANCORA DOMANI,
PELÍCULA DE 2023 AMBIENTADA EN ITALIA EN 1946

PRIMERA ESCENA

Un matrimonio está en la cama.

Suena el despertador.

La mujer le dice buenos días al marido.

Él le da una bofetada.

Ella no se sorprende ni se lleva la mano a la mejilla ni se angustia.

Sale de la cama de forma natural y se dirige a la cocina a preparar el desayuno para la familia, mientras él la insulta desde el baño porque otra vez ha roto la cadena del inodoro. En realidad, siempre la rompe él y ella siempre la arregla.

La mujer no contesta, solo hace lo que el marido dice y luego de servir la mesa se dispone a reparar la cadena de nuevo.

Más tarde se muestran escenas cotidianas donde él la denigra delante de sus tres hijos. Ella sigue sin responder, acepta sus insultos, lo obedece, lo consiente.

La agresión de él y el sometimiento de ella son parte ordinaria de la vida en común de la familia.

En un momento, sucede algo trivial y el hombre se enfurece.

Y empieza una composición organizada: los dos se miran fijamente. Mandan a los niños al dormitorio. Cierran las ventanas que dan a la calle, donde están algunas vecinas que ya advierten lo que pasará. El marido se arremanga la camisa. La esposa se para frente a él y solo pronuncia su nombre sin ningún rastro de temor en sus ojos: Iván...

Sabe lo que viene. Lo acepta. Lo sostiene. Se presta al juego que ya conoce.

El espectador también intuye lo que vendrá.

En otras escenas se ven los golpes.

Ella recibe bofetadas en la cara, cae al piso y se levanta para seguir con la liturgia.

Pero hay un plano donde se muestra la violencia como una coreografía.

Los dos danzan mientras él le pega o le aprieta el cuello.

En medio de la agresión se abrazan, bailan, se besan, y continúan los golpes.

Todo es parte de la vida de la familia. De la rutina cruel que ambos arman frente a sus hijos por más que los encierren en el dormitorio.

Un oficial americano le ofrece ayuda a la mujer; un amor de la juventud la incita a abandonar al marido y escaparse con él. Pero ella se niega. Y sigue donde está.

El ritual de sacar a los niños, cerrar las ventanas, arremangarse, pararse frente a frente. Y volver a empezar.

Se soporta, se aprueba.

Se goza.

POSTAL 5

ESCOCIA, AÑO 1720

LA MEDIO COLGADA
(UNA HISTORIA REAL)

Maggie Dickson siente asco. Y tiene miedo.

Ha sido obligada por sus padres a casarse a los catorce años con un hombre viejo, porque las mujeres deben tener marido para no ser mal vistas.

Durante tres años intenta ser una buena esposa para evitar la furia del marido, que se enoja a menudo y la golpea.

Como la descendencia es sinónimo de hombría, el esposo decide abandonarla porque ella no le da hijos. La deja sola, humillada y sin una moneda para alimentarse.

El pueblo cree en las hadas, los fantasmas y la superstición. Una mujer sola es loca o está maldita.

Maggie debe desaparecer para evitar que la juzguen como a una bruja y la sentencien a morir.

Junta su ropa y camina sin rumbo hacia la frontera. Llega a las orillas de un río y encuentra una ciudad donde no la conocen.

Agotada, sin fuerzas, con los pies agrietados, se sienta en una esquina a llorar. Piensa en su padre muerto, en la madre que no la quiso y en sus hermanos pequeños a los que no volverá a ver.

Un joven se le acerca y le ofrece hospedaje a cambio de trabajo.

Ella se marcha con él.

El joven la busca por las noches y la encuentra dispuesta.

Se aman en secreto.

Por un momento, la vida parece ser linda.

Al cabo de meses, Maggie queda embarazada. Pero es una mujer casada: si alguien se entera de que lleva en su vientre el hijo de otro, será condenada a muerte por adúltera.

Decide no contárselo al joven y oculta su embarazo con ropas grandes.

Con el corazón roto, le pide que se vaya, le dice que ya no lo quiere.

Le miente para evitar la muerte.

Sin comprender por qué, él la respeta y se aleja del pueblo por un tiempo.

Al cumplir el séptimo mes, Maggie siente un dolor punzante y se adentra en el bosque a parir. Puja fuerte, como hizo su madre cuando nacieron sus hermanos. Con las manos termina de sacar al niño, lo envuelve en una cobija, se lo lleva al pecho y se desmaya.

Cuando despierta se da cuenta de que su hijo está muerto.

La invade la tristeza. Se pone a llorar, grita, lamenta que el precio de una pasión prohibida se haya cobrado a su amor y ahora también se lleve a su bebé.

De pronto, escucha el galope de un caballo a lo lejos. Se asusta.

Enseguida se aleja hasta llegar al río.

Besa a su hijo en la frente y a punto de despedirlo entre las aguas, oye una voz.

El hombre del caballo está ahí.

En ese instante comienza su calvario, como el de Jesús ante su condena a muerte.

El hombre la arrastra de vuelta a su pueblo, en donde los que cometen adulterio son colgados en medio de una plaza.

La condenan por ocultar el embarazo. Debe morir en la horca.

La ubican sobre unos tablones de madera.

Tiene una soga al cuello, los ojos vendados, las manos atadas y un temblor en todo el cuerpo.

La gente grita. Algunos la insultan, le escupen; los más piadosos rezan mirando el cielo. Igual que con Cristo.

Maggie identifica que el verdugo está cerca porque expide un aliento nauseabundo que anticipa la muerte. A los pocos segundos, siente que le empujan el taburete y pierde la conciencia.

Cuando abre los ojos está encerrada en un ataúd.

Le falta el aire. Se desespera.

El joven que la traslada en su carreta escucha ruidos mientras silba distraído. Gira la cabeza y se horroriza cuando descubre que los golpes provienen del féretro. Se detiene, destraba la tapa de madera y la ve. Está viva.

¿Cómo fue posible?

Sucedió que los nervios de Maggie le pusieron el cuello rígido. En lugar de romperlo, la horca solo la dejó inconsciente.

Ahora está de nuevo en la plaza.

Otra vez en medio del gentío que la desprecia.

Otra vez la soga, los ojos vendados, las manos atadas y un sudor helado en todo el cuerpo.

Habrá que volver a colgarla para cumplir con la pena.

Comienzan a escucharse murmullos de injusticia.

Entre la muchedumbre se oye una voz. Un abogado argumenta que la joven ya ha sido juzgada y colgada por su delito, que hacerlo de nuevo iría en contra de la ley que impide juzgar dos veces por la misma causa.

La pena dice “condenada a la horca”, pero no a morir.

Pasan horas, discusiones y argumentos. Por fin, la liberan.

Cuando le quitan la venda Maggie logra ver a su salvador. Tiene el pelo rojo y unos ojos buenos. Se va con él.

Durante cuarenta años lo ama como puede, con los restos de otro amor, el verdadero, el que las leyes crueles de la época le impidieron conservar.

A partir de aquel suceso modifican la ley.

En lugar de “queda condenado a la horca”, las sentencias deben decir: “queda condenado a la horca hasta la muerte”.

Pero además, antes de llevar a cabo la ejecución, le convidan al delincuente una copa de whisky, un último trago previo a morir (*the last drop*).

Con esto logran relajar la conciencia y –sobre todo– el cuello de los acusados para que no vuelva a pasar lo que ocurrió con esa joven.

Hoy, en Edimburgo, en el mismo lugar que fue colgada, hay un bar con su nombre donde sirven whisky escocés: “Maggie Dickson´s Pub”.

POSTAL 6

REPÚBLICA ARGENTINA, PROVINCIA DE SALTA, HOY

MUSEO DE ARQUEOLOGÍA DE ALTA MONTAÑA

Me paro frente a un cristal y siento frío.

Del otro lado, me mira una niña de seis años que ya no ve.

Tiene los ojos cerrados, la boca abierta, un gesto sufriente.

Lleva trenzas en su pelo y un tocado de metal.

Parece dormida, incluso parece que sueña algo triste.

Pero está muerta.

Su cuerpo ya no es un cuerpo.

Hoy es una momia envuelta en un manto de colores que se exhibe detrás de un vidrio como parte del patrimonio arqueológico de un museo.

Junto a ella hay un ajuar de miniaturas, utensilios y alimentos.

La gente pasa, se detiene, la observa.

No sé qué piensan. Solo sé que en mí se ha paralizado la respiración.

Tras unos minutos, leo: "La niña del rayo", sacrificada por los incas en una ceremonia *Capacocha Llullaillaco.*

La ceremonia incluye el sacrificio de niños como ofrenda a las deidades. Para los incas, los pequeños se reúnen con sus antepasados, que observan y protegen las aldeas desde las cumbres.

Junto con otros dos niños, fue hallada a 6700 metros de altura cerca del volcán Llullaillaco, en la provincia de Salta.

Tras quinientos años de conservación en la cima de los Andes, esos cuerpos se exponen hoy ante personas que, como yo, pagan una entrada para verlos muertos.

Me voy con una sensación extraña.

Pienso si la exhibición de las momias –o de los cuerpos sin vida de los niños– no será una falta de respeto a la tradición cultural del pueblo inca.

Pienso, también, si la muestra solo alimenta una parte más de la crueldad humana que se regocija con la contemplación de lo terrible.

POSTAL 7

SERIE AUDIOVISUAL *ANNE, WITH AN E*

CAPÍTULO 1

Una niña de trece años viaja en tren.

Tiene la mente salpicada de imágenes hostiles y de eventos que fantasea para calmar su dolor. Recuerda cuando trabajó como sirvienta en la casa de una mujer con varios hijos. Sobre todo, recuerda los golpes y las injurias: "No eres más que un trozo de basura".

Le dice a su acompañante: "Me gusta imaginar más que recordar. ¿Por qué los malos recuerdos son más duraderos?". Y luego repite una cita de *Jane Eyre*: "Si todo el mundo te odiara, si creyeras que eres una malvada pero tu conciencia te aprobara y te absolviera de la culpa, no estarías sin amigos".

Durante el viaje, las praderas se convierten en tesoros producto de una imaginación abundante. Y de la ilusión de ser adoptada luego de haber pasado diez años en un orfanato.

Al fin, tendré una familia, piensa.

En la estación se encuentra con un hombre mayor. Apenas lo ve, comienza a hablar con euforia. Se excusa: "Puedo imaginar que soy una decepción para usted. Se ve que no valgo gran cosa, pero aunque soy delgada, soy muy fuerte. Estoy agradecida porque me adoptarán. Usted es un regalo para la vista. Nunca antes estuve con una familia. Me esforzaré por ser la mejor hija que alguien pueda tener. No suelen llevarme a una casa para ser una hija".

Se marchan en carreta con destino a la estancia. Durante el trayecto, Anne está exaltada y locuaz. Se intuye que él empieza a quererla desde ese momento. Al llegar, los recibe su hermana, una mujer mayor de gesto adusto.

"¿Quién es ella?", le increpa apenas los ve. "¿Dónde está el niño que pedimos?" El hombre no sabe qué decir, solo contesta que le dieron a una niña.

De inmediato, la hermana resuelve devolverla.

Anne cae de rodillas al suelo: "Debí suponer que no me querrían. Nadie me quiere...".

"Solo se trata de un error –insiste la mujer–, pero no te dejaremos afuera hoy". Y la invita a pasar.

Anne la cuestiona, le dice que una niña puede hacer el trabajo de la granja tan bien como un varón, y le ruega que le permita quedarse. Pero la mujer continúa implacable.

Llega la noche. Se escucha el llanto desgarrado de la niña que está acostada.

Los hermanos hablan en el comedor.

Ella: "Debemos devolverla, ¿de qué nos sirve?".

Él: "Quizás nosotros le sirvamos a ella".

La mujer está decidida. Y por la mañana se la lleva de vuelta.

Otra vez en la carreta; ahora sin esperanzas.

Al regresar, les comentan que hay una familia numerosa que necesita ayuda. La mujer acompaña a la niña a conocerlos.

Hay hijos de distintas edades desparramados por el suelo, hay un bebé que llora y nadie mira. Está la madre, que observa a Anne con desprecio y le dice: "No pareces gran cosa, pero te ves fuerte. Si te acepto, harás lo que yo te diga y hablarás cuando yo te hable. Si no eres eficiente, conocerás la punta de mi bota".

La mujer mayor se horroriza; parece apiadarse de la niña. "Primero debo hablar con mi hermano para decidir si nos quedamos con ella", le dice a la madre. Y se la lleva de nuevo a la estancia.

Propone un período de una semana de prueba. Anne le jura que pondrá su mayor esfuerzo para demostrarle que puede ayudarlos con la granja.

Se levanta temprano, colabora, reza para que le permitan quedarse. Y para que la quieran.

Los tres son invitados a la casa de unos vecinos. La mujer se pone su mejor vestido, un chal y un broche de valor que conserva de su familia. Al regresar, le pide a Anne que guarde el chal en su armario.

La escena que sigue muestra a la mujer buscando el broche. No lo encuentra.

"¿Dónde está?", le pregunta a la niña.

"Debe estar con su chal", contesta ella.

"No está. ¿Lo agarraste?"

"Estuve jugando con el chal, pero no agarré el broche".

"No lo encuentro. Devuélvemelo".

"Pero no lo agarré", repite Anne.

"No te creo. ¡Confiesa de una vez! No viviré con una ladrona".

Aunque la niña se inquieta ante la posibilidad de que la echen, sostiene su inocencia.

"Pero no lo agarré".

"¡Confiesa o te devolveré ya mismo al asilo!"

"Si no confieso, ¿me regresará?", le pregunta asustada.

"¡Confiesa!"

"Si lo hago, ¿puedo quedarme?"

"¿Tomaste o no el broche?", insiste la mujer esperando que la niña le diga que sí, que lo ha hecho y que es una ladrona.

Hasta que lo logra.

Anne confiesa. Le dice que jugó con el broche cerca del agua y que se le cayó en las profundidades.

"Te dije que significaba mucho para mí..."

Al darse cuenta de que a pesar de su confesión la mujer igual piensa devolverla, la niña le suplica: "¡Inventé todo, no es real! No sé dónde está su broche. Créame...", se desespera.

"Mañana te irás al amanecer", resuelve la mujer sin más.

La secuencia que sigue es angustiante.

En un plano se ve a la niña alejarse en la carreta de un comerciante. Sabe que debe volver al orfanato. Está herida. Dejó de hablar.

En otra escena, se muestra que la mujer ordena su habitación y, de pronto, encuentra el broche entre los almohadones de un sofá.

El director señala la desesperación de ambas.

Una, por haber confesado una mentira creyendo que la librarían de la orfandad.

La otra, por seguir sus impulsos más crueles y forzar una confesión a cualquier precio.

La verdad no puede ser dicha por completo. Buscarla hasta las últimas instancias es un acto de crueldad que lleva a la mentira. Los inquisidores arrancaban confesiones mentirosas de víctimas que para poner un límite a su dolor, mentían y se condenaban para siempre.

2

EL HUMANO

De todos los animales, el hombre es el más cruel.
Es el único que infringe dolor por el placer de hacerlo.
MARK TWAIN

La naturaleza tiene procesos de destrucción inevitables. Un león necesita alimentarse y para satisfacer esa necesidad persigue, mata y devora una cebra. No quiere dañarla ni hacerla sufrir. No estira su agonía ni disfruta de su dolor. En palabras de Silvia Bleichmar: no mata al bicho y goza con matarlo.

En el ser humano, en cambio, hay fuerzas destructivas que lo llevan a lastimarse a sí mismo y a los demás. Y a disfrutar de ese daño. Esas fuerzas no siguen la voz de la naturaleza, sino el empuje del goce. Un goce difícil de asumir.

Según José Saramago: "No somos capaces de reconocer que ha sido el ser humano el que ha inventado algo tan ajeno a la naturaleza como es la crueldad. Ningún animal es cruel, ningún animal tortura a otro. Tienen que seguir las leyes que impone la voluntad de sobrevivir, pero torturar y humillar a sus semejantes son invenciones de la razón humana".

El orden natural es inevitable. ¿Lo será el impulso humano a la destrucción?

A la hora de pensar en comportamientos crueles, la mente tiene horizontes muy lejanos. Cuando leemos los mitos clásicos, entendemos que la imaginación puede sofisticar las modalidades crueles de los dioses y recorremos el espanto en clave de ficción. Pero resulta que los humanos produjimos en nuestra historia crueldades que imitaron o incluso "mejoraron" esas formas mitológicas hasta lo inconcebible.

En su libro *Crucifixión, orígenes e historia del suplicio*, Luis Antequera habla de los condenados a morir en la cruz: "El suplicio de la crucifixión era muy distinto de una persona a otra. Había reos que morían de asfixia, otros devorados por los perros, otros de frío, de sed [...]. El crucificado estaba indefenso, inerme, y muchas veces a merced de los cuervos y de las alimañas. Como poco, la muerte no sobrevenía hasta pasadas veinticuatro horas. Pero hay un testimonio que habla de una crucifixión en la que los condenados a esa pena, un matrimonio de cristianos, tardaron en morir nueve días. Los crucificaron el uno frente al otro, para que el marido viera los padecimientos de su mujer y esta los de él".

Un matrimonio que debe mirar el sufrimiento del otro mientras cada uno –a su vez– soporta el propio. Una crueldad más a la crueldad. Como si no bastara la forma en que los condenaban a morir, debían –además– observar morbosamente el dolor de quienes amaban.

¿De cuánto más es capaz el humano con el humano?
De mucho.

Una de las sentencias a muerte más cruentas de la historia fue la *damnatio at bestias* (condena a las fieras), un tipo de pena que arrojaba a los reos a los leones, osos, tigres, leopardos, panteras negras o toros en la arena del circo, a modo de espectáculo para la gente de la Antigua Roma. El condenado podía ser atado a un poste o forzado a asumir el suplicio de un personaje mitológico que era despedazado por una bestia, como Prometeo, a quien Zeus mandó encadenar desnudo a un pilar en las montañas Cáucasas, donde un buitre le devoraba a diario trozos del hígado causándole un dolor sin fin, porque cada noche el hígado se regeneraba. Y el buitre volvía.

Quizás otra de las ejecuciones más crueles perpetradas por el humano ha sido la utilizada en Inglaterra desde el siglo XIII hasta el siglo XIX para los condenados por alta traición. El reo era atado a un caballo y arrastrado hasta el lugar de la ejecución. Antes de colgarlo, muchas veces le sacaban las tripas. Luego lo decapitaban y terminaban descuartizando su cuerpo.

En la Edad Media y hasta mediados del siglo XIX, en Europa se empleaba un método de suplicio para asegurar una muerte lenta y dolorosa, casi como una herencia perfeccionada de la crucifixión. La primera parte consistía en atar al reo a un banco o a una cruz para que el verdugo le rompiera los huesos y las articulaciones con un mazo o una barra de hierro. No se le golpeaba la cabeza; así evitaban la muerte por un derrame. Solo debían dislocarse las extremidades para que el condenado, quebrado de arriba abajo, siguiera vivo. Porque había más. Bajo la estricta mirada de los sacerdotes, que hacían la señal de la cruz invocando la *misericordia divina* por el alma extraviada, colocaban su cuerpo sobre una rueda de carro que elevaban en posición horizontal hasta que el reo dejaba de respirar y moría lentamente.

Hasta el siglo XIX, en el sudeste asiático, en especial en la India, se utilizaba el aplastamiento por un elefante para la condena a muerte. Los elefantes eran amaestrados para torturar, desmembrar o aplastar las cabezas de los condenados sobre un pedestal.

Como podemos ver, el objetivo de estas condenas no solo era la muerte. Además, había una clara intención de hacer sufrir al condenado hasta el último suspiro, bajo premisas amparadas en la ley secular o la de Dios.

* * *

Autoconservación y de autopreservación. Los animales se rigen por el instinto a la autoconservación de la vida. Por eso matan o huyen del peligro. Un ser humano, en cambio, es capaz de morir por preservar su ser, sus creencias, aquello que lo hace único e irrepetible.

Hegel veía la esencia misma de la especie humana en la capacidad de ceder la vida biológica por defender un ideal, por ejemplo, la libertad. El problema es que en esa pérdida del instinto de conservación, un humano es capaz de matar a otro por prejuicios o porque sostiene ideales distintos a los propios.

En las conductas perversas podemos ver cómo lo que se persigue no es la eliminación de la vida del otro, sino el aniquilamiento de esa esencia de la que hablaba Hegel. De su ser.

Silvia Bleichmar ha trabajado muy bien este tema al hablar de "la construcción del sujeto ético". Ese sujeto que resiste la crueldad al incorporar el concepto de "semejante", es decir, un otro que merece respeto a pesar de sus diferencias. Bleichmar recuerda a los marranos, aquellos judíos que eran obligados a renunciar a sus creencias más profundas para conservar la vida, y resalta el costo de esta renuncia.

La pérdida de la percepción de quienes somos es muchas veces más dolorosa que la muerte. Por eso, tantos sobrevivientes de campos de concentración o de la guerra, terminaron suicidándose. Pienso en Walter Benjamin, el filósofo que se negó a exiliarse por defender a su gente y sus creencias, hasta que, frente a su inminente captura a mano de los nazis, eligió matarse. Estuvo dispuesto a arriesgar su vida por los demás y perder la propia antes de renunciar a ser quien era.

Como dijimos, los perversos gozan destruyendo la subjetividad de sus víctimas. Algo que puede lograrse sin llegar a la muerte.

La serie *Outlander* muestra a un joven protagonista con la espalda lacerada. Más tarde, nos damos cuenta de que su enemigo lo había capturado para tener relaciones sexuales con él. Como el joven se negó, le destrozó la espalda dejándole marcas imborrables. Sobre el final de la primera temporada vuelven a encontrarse, pero esta vez el protagonista accede a la relación íntima para salvar a la mujer que ama. Sin embargo, el perverso no solo quiere abusarlo, además quiere que él se entregue y disfrute del encuentro sexual. Quiere quebrarlo. Y luego de romperle los huesos de la mano con un martillo, luego de violarlo con una brutalidad pasmosa, lo logra. El protagonista tiene un orgasmo al ser penetrado por su enemigo. A partir de ese momento, su captor lo deja libre. Una libertad mentirosa, porque el daño ya se había ocasionado. El joven cae en una depresión profunda. Ha salvado la vida de quien ama. También ha salvado su vida. Pero ha cedido su esencia y ya no puede mirarse con respeto. Odia a su enemigo. Se avergüenza ante la mujer. Y sobre todo, se odia a sí mismo por haber gozado del encuentro.

Eso logra el perverso. Llevar a su víctima a un punto de quiebre que le demuestra que es capaz de gozar de aquello que aborrece.

Se trata de una escena brutal que hoy millones de personas contemplan fascinados. Tal como ocurría con las ejecuciones públicas de la Edad Media donde la gente se aglomeraba para disfrutar del espectáculo; al igual que los que vitorearon la crucifixión de Jesús, de Maggie Dickson o las tertulias animadas por una bestia que se devoraba al hombre en el circo romano.

Todos gozamos mirando el horror.

Y por más que nos enteremos de esto con espanto o nos preguntemos cómo la gente podía –y puede– presenciar y aplaudir los actos de sadismo, el mundo de hoy no ha retrocedido frente a la crueldad.

¿Acaso no son crueles aquellos que observan con emoción cómo se fríe la cabeza rapada de un condenado a muerte en la silla eléctrica? ¿No es cruel la mujer de chamarra gris a la que le fascina el hombre en llamas y lo graba en su teléfono para *conservarlo*? ¿No somos crueles quienes pagamos una entrada en el museo arqueológico de Salta para contemplar a los niños momificados tras un cristal?

Lo eminentemente humano es la crueldad.

El horror atrae, cautiva, incita a más. Y eso se lo debemos a la pulsión de muerte que nos empuja a mirar el abismo –el propio o el de otro– y nos convierte en títeres domesticados por esa crueldad sin límite que nos hará sufrir.

Y como si esto no fuese suficiente, apareció la Santa Inquisición. Y los Estados influenciados por el clero que, en nombre de Dios, atribuyeron a un tribunal inquisidor la persecución, la tortura y las condenas a la hoguera de miles de herejes moriscos, protestantes y judíos que no habían roto ninguna ley secular, pero no accedían a perder sus libertades religiosas. En nombre de la pretendida ley de Dios, la crueldad se apoderó de la Iglesia católica y arrasó con cualquier premisa de bondad divina que pudiera salvarla.

Bertrand Russell dijo: "La religión se basa, principalmente [...] en el miedo. Es en parte el miedo a lo desconocido, y en parte [...] el deseo de sentir que se tiene un hermano mayor que va a defenderlo a uno en todos sus problemas y disputas. El miedo es la base de todo: el miedo a lo misterioso, el miedo a la derrota, el miedo a la muerte. El miedo es el padre de la crueldad y, por lo tanto, no es de extrañar que la crueldad y la religión vayan de la mano".

En 1232 Gregorio IX creó la inquisición pontificia, dirigida por el Papa para evitar las influencias del poder monárquico en la persecución de los herejes. Tuvo su acción en Francia, Italia y en la Corona de Aragón en España. Los religiosos tenían a su cargo los tribunales eclesiásticos, caracterizados por su dureza. En 1252, Inocencio IV autorizó el uso de la tortura para obtener la confesión de los reos. A los que se negaban a abjurar se les entregaba al tribunal secular para la pena de muerte.

La Inquisición española real surgió en 1478 en la Corona de Castilla con el fin de combatir las prácticas judaizantes de los conversos de Sevilla. A diferencia de la Inquisición medieval, fue impulsada directamente por la monarquía, es decir, por los Reyes Católicos. En 1483, la Inquisición se extendió a los reinos de la Corona de Aragón, incluyendo Sicilia y Cerdeña, y a los territorios de América, incluyendo México, Lima y Cartagena de Indias.

El profesor Henry Kamen de la Universidad de Oxford, en su revisión histórica acerca de la Inquisición española, dice: "La llegada de la Inquisición a una ciudad tenía el propósito, en principio, de provocar temor... Francisco Peña afirmó en 1578: 'Debemos recordar que el propósito principal del juicio y la ejecución no es salvar el alma del acusado sino alcanzar el bien público y dar temor a los otros'. La actividad pública del Santo Oficio se basaba en la premisa [...] de que el miedo era el más útil de los frenos".

Al finalizar la misa, los inquisidores leían los edictos de gracia que detallaban un listado de herejías. Con el crucifijo en alto, le pedían a la congregación que se persignara y prometiera ayudar a la Inquisición descargando sus conciencias y denunciándose a sí mismos y a los otros. Si lo hacían dentro de los cuarenta días, podían reconciliarse con la Iglesia sin sufrir castigos graves.

Luego del 1500, aparecieron los edictos de fe, que no tenían un período de gracia ni un formato definido, por lo que cada tribunal usaba el texto que mejor le convenía a sus propósitos. Hubo uno que circuló hasta el año 1630 que incluía todos los delitos imaginables: herejías judías y musulmanas, errores luteranos, supersticiones populares, ofensas morales y actitudes hostiles. Todo cabía para ser considerado una injuria a la Iglesia o la Inquisición.

El sistema instalaba la colaboración de la comunidad y, por ende, el temor al vecino, al pariente, al amigo, y el deterioro de las relaciones sociales sobre la base del miedo a ser denunciado por los demás.

Kamen cita algunos ejemplos: "Nunca se hizo un uso más canalla de los informadores [...] como en el período de histeria antisemita a finales del siglo XV, cuando se enfrentó dentro del seno de una misma comunidad a individuo contra individuo sobre la base accidental de la diferencia de orígenes [...]. La Inquisición se convirtió en un arma adecuada para vengarse de ofensas pasadas. En Castilla son quemadas más de mil quinientas personas con testigos falsos [...]. En 1530, Aldonca de Vargas fue delatada en las islas Canarias por haber sonreído cuando se mencionó a la Virgen María en su presencia [...]. En 1635, Pedro Ginesta, un anciano de más de ochenta años de edad, de origen francés, fue llevado ante el tribunal de Barcelona por un antiguo amigo por haber comido inadvertidamente un poco de tocino y cebollas en un día de abstinencias. El preso –decía la acusación– siendo de una nación infectada por la herejía (Francia) se presume que ha comido carne en días prohibidos en muchas otras ocasiones, a la manera de la secta de Lutero [...]. Dos maridos se acusaron a sí mismos de haber dicho en una conversación con sus esposas que fornicar no era pecado. Las esposas fueron citadas y confirmaron la confesión. El único motivo posible para aquel acto de los maridos fue el temor de que sus esposas los denunciaran, o simplemente el impulso de confesar la falta".

Los teólogos analizaban las evidencias para determinar si los cargos implicaban herejía. Si decidían que había pruebas suficientes, el fiscal redactaba una orden de detención, aunque muchas veces se solía detener al imputado previo al examen de los calificadores. Por ende, los calabozos inquisitoriales estaban llenos de presos que no habían sido acusados. Kamen nos cuenta que en el tribunal de Valladolid, por ejemplo, varios sospechosos, incluidos una niña de nueve años y un joven de catorce, estuvieron dos años encarcelados sin la menor calificación de las acusaciones que pesaban sobre ellos.

La detención de los acusados iba acompañada de la inmediata confiscación de sus bienes hasta que el tribunal tomara una decisión.

Dice Kamen: "Todos los utensilios de la casa, incluyendo ollas y sartenes, cucharas, paños de cocina y hasta la ropa vieja [...]. Mientras permaneciera en prisión, los gastos de su mantenimiento y las costas judiciales eran sufragados con sus propiedades secuestradas, que por regla general eran subastadas públicamente pieza por pieza [...]. No se hacía ninguna provisión para los parientes durante el secuestro y el gobierno tenía que intervenir para ayudarlos [...]. Hubo casos de hijos de un preso rico muriéndose de hambre y de otros que mendigaban por las calles".

Además de las prisiones seculares o eclesiásticas, había cárceles secretas de la Inquisición, frías, sin luz, donde los presos llevaban cadenas, mordazas para impedir que blasfemaran y una horquilla de hierro para mantener la cabeza erguida a la fuerza.

Se empleaba la tortura en busca de la confesión, pero el acusado debía ratificar sus dichos al día siguiente de haber sido torturado. Negarse a ello, abría la posibilidad de continuar con la tortura. Los torturadores eran los verdugos de los tribunales seculares, aunque en la sesión de tortura estaban presentes los inquisidores, un representante del obispo y un secretario. En casos de emergencia, a veces había un médico.

Hubo tres torturas empleadas especialmente por la Inquisición. Una fue la garrucha, que suponía colgar al acusado de las muñecas al techo, con mucho peso sujeto a los pies, para alzarlo y soltarlo de un tirón. Con ello tensaban y dislocaban sus brazos y sus piernas. La toca o tortura de agua implicaba atar a la víctima y colocarle un paño hasta la garganta para obligarlo a tragar jarros de agua. El potro significaba sujetar el cuerpo y las extremidades con cuerdas y apretarlas cada vez más hasta atravesar la carne.

En todas las torturas los acusados debían estar desnudos. Un secretario anotaba cada palabra y cada gesto durante el procedimiento.

Dice Kamen: "En los registros queda constancia de que mujeres entre los setenta y los noventa años de edad fueron puestas en el potro".

El autor nos cuenta que en los archivos oficiales de las torturas efectuadas por la Inquisición en el siglo XVI, hay un extracto de 1568 que habla de una mujer acusada de no comer carne de cerdo y de cambiarse de ropa los sábados: "Se ordenó que fuera puesta en el potro, y ella preguntó: 'Señores, ¿por qué no me dicen lo que tengo que decir? Señor, póngame en el suelo, ¿no he dicho ya que hice eso?'. Le pidieron que lo dijera. Y ella respondió: 'No recuerdo, quíteme de aquí. Hice lo que los testigos han dicho'. Le pidieron que explicara en detalle qué es lo habían dicho los testigos. Y ella replicó: 'Señor, como ya le he dicho, no lo sé de seguro. Ya he dicho que hice todo lo que los testigos dicen. Señores, suéltenme, por favor, porque no lo recuerdo'. Le pidieron que lo dijera. Y ella respondió: 'Señores, esto no me va a ayudar a decir lo que hice y ya he admitido todo lo que he hecho y que me ha traído a este sufrimiento. Señor, usted sabe la verdad. Señores, por amor de Dios, tengan piedad de mí. ¡Oh, señor! Quite estas cosas de mis brazos, señor, suélteme, me están matando'. Fue atada en el potro con las cuerdas, y amonestada a que dijera la verdad, se ordenó que fueran apretados los garrotes. Ella dijo: 'Señor, ¿no ve que estas personas me están matando? Lo hice, por amor de Dios, dejen que me vaya'".

Los juicios tenían tres resultados: se liberaba a los presos –absueltos o suspendidos–; se les sentenciaba con una combinación de castigos corporales o espirituales –penitenciados, reconciliados–; o los mandaban a quemar.

El penitenciado era la menor de las penas. El penitente juraba evitar el pecado en el futuro y se le condenaba a usar el sambenito (traje amarillo con cruces pintadas que se llevaba puesto como señal de infamia; tal como harían siglos después los nazis al obligar a los judíos a coser en su ropa la estrella de David), a pagar multas, al destierro o a las galeras (trabajo forzoso, como mano de obra esclava). La reconciliación suponía largas temporadas en la cárcel o en las galeras y también la confiscación de los bienes; de modo que, aunque el tiempo tras las rejas no fuera largo, el condenado terminaba convirtiéndose en un mendigo.

Los azotes eran la forma más común del castigo físico. Se condenaba al reo a ser azotado mientras recorría las calles, desnudo y montado sobre un asno para más deshonra, al paso de transeúntes que le tiraban piedras desgranando su odio contra la herejía. Las mujeres eran azotadas igual que los hombres, sin límite de edad. Hay registros que muestran a niñas de diez años y ancianas de ochenta bajo el látigo del verdugo. Como máximo podían prescribirse hasta doscientos latigazos. Por regla general, se impartían cien.

El máximo castigo era la hoguera.

Escribo y necesito parar. Me detengo para calmar la ansiedad que me acelera el corazón y termina en la punta de mis dedos sobre el teclado.

Respiro y pienso en la consagración del goce como sistema pulsional dominante. Y en la crueldad de lo humano.

No solo había que torturar, además debían registrarse los detalles de la tortura. Cada palabra, cada gesto, cada ruego…

No solo había que condenar, además había que humillar a la víctima al extremo y soltar las amarras crueles de los demás, en lugar de contenerlas.

No solo se instaba a la comunidad a denunciar a otros o a sí mismos por cualquier cosa –hasta una conversación trivial entre esposos–, además había que confesar bajo tortura algo que el apresado no sabía.

¿Cómo saber qué había dicho el testigo cuando –en rigor– jamás se lo comunicaban al preso?

El acusado no sabía de qué lo estaban acusando, pero de cualquier modo debía confesarse frente al tribunal que lo torturaba. No era suficiente que dijera "lo hice", debía decir qué hizo, cuál fue exactamente su pecado. De lo contrario, se apretaban más las sogas en la carne o entraba más agua en la garganta o se tensaban más las articulaciones hasta dislocarse.

Los inquisidores utilizaban información que no era comunicada al acusado y eso dejaba impotente y nula la defensa. Entonces: ¿se buscaba una confesión o simplemente se había fundado un aparato represor basado en el regocijo más terrible de la pulsión de muerte?

Sadismo organizado y cómplice para lastimar el cuerpo, la dignidad y la vida.

Sacrilegio a las leyes del amor que también surgen de los preceptos bíblicos.

Herejía en nombre de la herejía.

De nuevo aparece Jacques Lacan, y nos advierte: "Basta con que el goce sea un mal para que [...] el sentido de la ley moral cambie completamente [...]. Si la ley moral es susceptible de desempeñar algún papel, este es precisamente el de servir de apoyo a ese goce, a hacer que el pecado devenga lo que san Pablo llama desmesuradamente pecador".

Recuerdo a la Señorita L., paciente de veintiséis años que sufre de vulvodinia, un dolor crónico en la vagina sin etiología orgánica reconocible. Luego de seis meses de tratamiento, se anima a hablar de su infancia: "Mamá nos obligaba a ir a misa los domingos y ejercer la confesión. A mi hermano le gustaba porque había decidido ordenarse para sacerdote. Pero yo era más chica y no entendía nada. Ella nos retaba por cualquier cosa. A mí no me dejaba estar sentada por mucho tiempo y cuando se alteraba me pellizcaba fuerte el brazo. Siempre decía que debíamos tener cuidado porque Dios nos mira todo el día. Como yo no sabía qué confesar en misa, muchas veces me inventaba alguna travesura o le contaba al cura algo que había hecho una amiga como si fuera propio. Mamá nos esperaba afuera del confesionario con un estado de ansiedad que daba miedo. ¿Sabes qué era lo primero que nos preguntaba?: '¿Qué castigo les dieron? Me van a contar todo en este instante –decía–, así hacemos cumplir la penitencia como se debe'. Y se apuraba a volver a casa como si disfrutara por anticipado de lo que iba a ocurrir. En realidad –se angustia–, los castigos de mamá siempre eran peores que los que nos daba el cura".

Otra vez la herejía a las leyes del amor.

Tal como los acusados por la Santa Inquisición o la protagonista de la serie *Anne*, la Señorita L. tampoco sabía de qué la estaban acusando ni podía comprender qué era *eso* que debía confesar. Solo sabía, de manera inconsciente, que su mamá le exigía que fuera culpable. Entonces terminaba relatándole al cura un suceso que jamás había ocurrido para que le impartiese penitencia. Y mamá gozaba. Y la hacía sufrir más. Y le enseñaba acerca del goce y la crueldad. Más tarde, de adolescente, aparece el síntoma en los genitales que le impide permanecer sentada durante mucho tiempo, tal como se lo impedía la mamá. Hay una voz interior instigadora –que los analistas denominamos Superyó– fruto de esa madre cruel. Y con ello, la imposibilidad de acceder al placer. Solo existe el dolor y el castigo. Mamá lo dijo, mamá lo sabe.

¿Hasta cuándo debo hacerle caso?

* * *

Me recibí de abogada por *Petrocelli*, una serie de los años setenta que contaba la vida de un abogado de origen italiano que defendía causas nobles y clientes inocentes. Mientras el hombre levantaba las paredes de una vivienda que jamás terminó, vivía con su esposa en una casa rodante.

De niña, yo solía decirles a mis padres que cuando fuera grande quería ser como él. Aunque los dos se reían por mis comentarios, recuerdo que a partir de entonces y en cualquier ocasión, mi padre repetía: "Cynthia va a ser abogada".

He aquí el mandato instalado con fuerza de ley que luego cumplí a la perfección. Faltaba la parte "como *Tony Petrocelli*", pero eso era –y sería– una cuestión distinta.

Intuyo que en aquellos momentos infantiles la vida era linda no solo porque no había personas queridas muertas, tampoco había muerto la ilusión. Hasta que pude comprender que el mundo se trataba de otra cosa, que la mayoría de las personas no tenían las cualidades de mi mentor y que la crueldad acecha de manera silenciosa en cualquier parte.

Como para Borges *en las grietas está Dios que acecha*; para mí, está la crueldad. Y no quiero decir que son lo mismo.

Mi primer trabajo como profesional fue casi "de favor". Un abogado amigo de mi tío aceptó que me incorporara a su despacho. Yo tenía veintitrés años. Apenas entré, me dio unos pagarés y me ordenó que llamara a los firmantes para ver si lograba cobrarles antes de iniciar el juicio.

Llamé. Me atendió una voz de mujer triste que parecía agotada. Cuando le dije quién era y por qué le había llamado, guardó silencio. La mujer tardó en volver a hablar. Al rato, me dijo: "El año pasado, mi marido y yo fuimos a comprar un armario a una mueblería… Nos hicieron firmar un papel que no recuerdo bien qué decía, pero le juro señorita que ya pagamos todas las cuotas. Tenemos cinco hijos, no podemos pagarlo de nuevo…".

No supe qué decir. Se trataba de una familia humilde a quien le habían hecho firmar documentos para garantizarse la cancelación de la deuda. Una deuda que ya había sido cancelada. Sin embargo, movidos por el interés de su cliente, en el despacho pretendían ejecutar los pagarés de todos modos.

Hablé con mi jefe y le conté lo sucedido: "Los engañaron, no les podemos cobrar algo que ya pagaron…". El hombre suspiró, torció la boca en una mueca que parecía una sonrisa, y me dijo: "Si vas a pensar así, mejor dedícate a otra cosa".

Tardé veinte años en hacerle caso.

Tal vez porque mis ancestros fueron asesinados en Polonia; tal vez porque me fascinaba *Petrocelli* y su lucha por las causas justas; tal vez porque mi primer trabajo como abogada me enseñó muy pronto acerca de grietas crueles, soy psicoanalista.

Quizás también por todo eso, hoy escribo este libro.

EL MUNDO MIRA PARA OTRO LADO

Homo homini lupus. "El hombre es el lobo del hombre".

Es la frase que utilizó el filósofo inglés Thomas Hobbes en *El Leviatán*, para decir que el estado natural del hombre es una lucha continua con su prójimo. En realidad la frase pertenece a la obra *Asinaria*, del comediógrafo latino Plauto (250-184 a. C.).

Hobbes propone un contrato social para limitar el salvajismo humano y lograr una convivencia armoniosa. Es decir: la cultura.

Es interesante cómo el pensamiento filosófico se contradice. Opuesto a él, Jean-Jacques Rousseau sostuvo que el hombre es bueno por naturaleza, que nace bueno y libre pero el mundo lo corrompe. En tal caso, el contrato social –la cultura– aparece como responsable de contaminar la bondad humana.

Podríamos decir que ni Hobbes ni Rousseau tienen razón. El humano no nace bueno y la cultura juega un rol ambivalente. Por una parte, intenta normalizar nuestras conductas para que podamos convivir (vivir con los otros) sin dañarnos. Sin embargo, no puede protegernos de nuestras pulsiones, esas energías destructivas que nos acompañarán toda la vida. Por el contrario, muchas veces las generan o las alimentan.

Esto deja a la cultura en un lugar incierto. Porque, como afirma la Biblia, si la sal no sala, ¿con qué será salada? Entonces, la pulsión que no se aquieta con la cultura, que solo sirve para agitarla, ¿con qué será aquietada?

Decía Freud: "El ser humano se vuelve neurótico porque no puede soportar la medida de frustración que la sociedad le impone en aras de sus ideales culturales".

"La cultura espera prevenir los excesos más groseros de la fuerza bruta arrogándose el derecho de ejercer ella misma una violencia sobre los criminales, pero la ley no alcanza a las exteriorizaciones más cautelosas y refinadas de la agresión humana".

Según Michel Foucault, la sociedad establece un ideal de lo que está bien y mal. Y desde ahí, intenta contener los actos delictivos y la locura. No lo consigue. Entonces, ¿qué hace? Castiga a quienes transgreden ese ideal. Los encierra. A los delincuentes en la cárcel. A los locos en el manicomio. Dos instituciones crueles.

Muchas veces el mundo ha sido indiferente a la agresión humana. Lo es aún hoy. Lo será siempre. Y la indiferencia es cruel y genera más violencia. Incluso hubo momentos de una indolencia sorprendente.

"Lo contrario del amor no es el odio, es la indiferencia. Lo contrario de la belleza no es la fealdad, es la indiferencia. A su vez, lo contrario de la fe no es la herejía, es la indiferencia. Y lo contrario de la vida no es la muerte, sino la indiferencia entre la vida y la muerte", dijo el Premio Nobel de la Paz Elie Wiesel luego de haber sobrevivido a Auschwitz.

Tal vez una de las indiferencias más atroces de la humanidad se haya dado ante el plan de exterminio de los judíos pergeñado por Hitler y sus aliados. Una cabeza maligna no puede por sí sola organizar y llevar a cabo un Holocausto.

El mundo eligió cerrar los ojos, ser indiferente entre la vida y la muerte. Desestimó el dolor y la tortura y se entregó a una indiferencia abominable. Quizás, por qué no, eligió sin darse cuenta que elegía.

Las faltas de otros delatan nuestras faltas.

"Primero se llevaron a los judíos…", dijo Bertolt Brecht.

Toda la familia de mi abuelo fue masacrada en Polonia. Gente común, trabajadora y humilde, que negaba la crueldad. Salvo mi abuelo que, antes de ser mi abuelo, la comprendió y se exilió a Argentina apenas recibió la respuesta de la embajada. Su madre, un hermano, la esposa (con un bebé) pensaron que estaba loco, que era imposible que las ideas que Hitler no paraba de proclamar desde el inicio de su vida pública pudieran concretarse.

Pensaban que el loco era mi abuelo. No los nazis.

Negación, en este caso como el rechazo de la percepción de un hecho que se impone en el mundo exterior. Un escudo muy utilizado por las personas para ponerle un coto defensivo a la angustia. Pero encerrar la angustia no la hace desaparecer. Al contrario, la vuelve más potente. Tan potente que termina instalándose en el cuerpo, gozando de nuestro sufrimiento. De nuestras células mismas a las que mata de a poco.

La familia de mi abuelo –como millones más– no creía ni quería creer que alguien fuera capaz de semejante crueldad, o –peor aún– que esa crueldad se contagiara de tal modo que resultase parte del folclore cotidiano encerrar a un pueblo entero en guetos, apalearlo, matarlo de hambre, trasladarlo a campos de concentración y luego asesinarlo en cámaras de gas.

¿Por qué imposible?

Si ya había sucedido la orden de Herodes de ejecutar a los niños menores de dos años nacidos en Belén, las Invasiones Bárbaras, las del Imperio Mongol de Gengis Khan, la esclavitud, la Inquisición, y tantos otros espantos que documentaba la historia desde que el homo sapiens existe, efemérides precisas que hablaban de hombres *lobos* comiéndose a los hombres incluso con un contrato social que los avalaba.

Justamente por eso. El proceso defensivo de la negación aparece frente a lo insoportable, para aliviar cualquier tensión interna –provocada por la agresión de la pulsión– que se genera si aceptamos que lo que ha pasado siempre –el hombre siendo el lobo del hombre– jamás se detendrá.

Porque eso es cruel. Y la crueldad angustia. Entonces, muchas veces, nos defendemos negándola.

El célebre Yuval Noah Harari –autor de *Sapiens: de animales a dioses*– examina la historia de la humanidad sin negar su lado más oscuro, y dice: "Hace setenta mil años había al menos seis especies humanas diferentes sobre la capa de la Tierra. Eran animales insignificantes, cuyo impacto ecológico era inferior al de las luciérnagas o las medusas. Hoy en día solo queda una especie humana: nosotros, el homo sapiens; pero gobernamos el planeta".

El autor propone conclusiones estremecedoras que vale considerar:

- Gobernamos el mundo porque somos el único animal que puede creer en cosas que existen puramente en nuestra propia imaginación, como los dioses, los estados, el dinero y los derechos humanos.

- El homo sapiens es un asesino en serie ecológico: incluso con las herramientas de la Edad de Piedra, nuestros antecesores aniquilaron a la mitad de los mamíferos terrestres del planeta bastante antes de la aparición de la agricultura.
- El trato a los animales en la agricultura moderna podría resultar ser el peor crimen de la historia.
- El individualismo fue fomentado por los estados y los mercados como un modo de destruir familias y comunidades.
- Somos mucho más poderosos que nuestros antecesores, pero no mucho más felices.
- El homo sapiens no tardará en desaparecer. Con la ayuda de las nuevas tecnologías, en unos cuantos siglos o incluso décadas, el homo sapiens se transformará por sí mismo en un ser completamente distinto, y disfrutará de cualidades y aptitudes divinas. La historia comenzó cuando los humanos inventaron a los dioses, y terminará cuando los humanos se conviertan en dioses.

Hacia el final del libro, hay una síntesis de la crueldad humana de todos los tiempos: "Hace setenta mil años, homo sapiens era todavía un animal insignificante que se ocupaba de sus propias cosas en un rincón de África. En los milenios siguientes se transformó en el amo de todo el planeta y en el terror del ecosistema. Hoy en día está a punto de convertirse en un dios, a punto de adquirir no solo la eterna juventud, sino las capacidades divinas de la creación y la destrucción… Hemos dominado nuestro entorno, aumentado la producción de alimentos, construido ciudades, establecido imperios y creado extensas redes comerciales. Pero ¿hemos reducido la cantidad de sufrimiento en el mundo? [...]. Además, a pesar de las cosas asombrosas que los humanos son capaces de hacer, seguimos sin estar seguros de nuestros objetivos y parecemos estar tan descontentos como siempre [...]. Somos más poderosos de lo que nunca fuimos, pero tenemos muy poca idea de qué hacer con todo ese poder [...] causamos estragos a nuestros socios animales y al ecosistema que nos rodea, buscando poco más que nuestra propia comodidad y diversión, pero sin encontrar nunca satisfacción".

Aunque Harari recorre la historia de nuestra especie y halla la raíz de la autodestrucción en otras causas, pareciera llegar a la misma conclusión que el psicoanálisis. Somos seres insatisfechos. Buscamos el poder para lograr una *completud* imposible. De ahí, el descontento y la inseguridad. Por eso, a pesar de ser más poderosos que nunca, ese poder es incapaz de tapar la falta estructural que nos angustia. Una falta de la que hablaremos más adelante.

Y entonces, Freud, una vez más: "El ser humano no es un ser manso, amable, a lo sumo capaz de defenderse si lo atacan [...] En consecuencia, el prójimo [...] (es) una tentación para satisfacer en él la agresión, explotar sus fuerzas de trabajo sin resarcirlo, usarlo sexualmente sin su consentimiento, desposeerlo de su patrimonio, humillarlo, infligirle dolores, martirizarlo y asesinarlo. Esa agresión cruel [...] desenmascara a los seres humanos como bestias salvajes que ni siquiera respetan a los miembros de su propia especie".

"Los deseos pulsionales [...] nacen de nuevo con cada niño. Tales deseos son los del incesto, el canibalismo y el gusto de matar [...]. Infinito es el número de hombres cultos que retrocederían espantados ante el asesinato o el incesto, mas no se deniegan la satisfacción de su avaricia, de su gusto de agredir, de sus apetitos sexuales; no se privan de engañar a los otros mediante la mentira, el fraude, la calumnia, toda vez que se encuentran a salvo del castigo".

POSTAL 8

INICIOS DEL SIGLO XIX

HISTORIA REAL DE UNA JOVEN AFRICANA

Saartjie Baartman está encerrada en la cabaña de sus captores. Siente hambre y miedo. Ha sido secuestrada como esclava por un grupo de europeos que acaban de llegar a Ciudad del Cabo. Proviene de la etnia khoikhoi ("hombres de los hombres"), un grupo nómade de África austral que se destaca por la cría de ovejas. Las mujeres de la etnia tienen nalgas prominentes y llaman la atención de los extranjeros.

En 1810, la joven es vendida a William Dunlop, un médico británico que la lleva a Inglaterra. El hombre quiere presentarla entre la población blanca como una rareza y hacer dinero con sus exhibiciones.

La apodan Sara. Y la obligan a desfilar desnuda sobre una plataforma y obedecer a su guardián, que le ordena cómo actuar en el escenario. Por un pago extra, los espectadores pueden tocar sus glúteos.

Empiezan algunas protestas. La feria recibe presiones de ciertos sectores. El doctor Dunlop logra demostrar que hubo acuerdo para exponerse de esa forma y presenta un falso contrato firmado por ella. Al tiempo, una sociedad benéfica consigue la prohibición del espectáculo. Pero Sara continúa secuestrada.

La trasladan a París para que un domador de fieras la exhiba durante quince meses, como hace con sus animales salvajes.

Frente a un público exaltado hay una jaula de madera cubierta por un manto de cuero. Adentro, respira una joven que ya no siente miedo. Sino furia.

El domador habla: "Señoras y señores: están a punto de ser testigos de un fenómeno increíble. Una mujer salvaje proveniente del oscuro continente, ¡África! –la gente grita enloquecida–. La capturé de su pueblo, donde andaba libre, y se las traje a ustedes para mostrárselas. No los hago esperar más. ¡Aquí la tienen! ¡Se las entrego!".

En la capital francesa, Sara atrae la atención de los espectadores y también de los científicos, en particular de George Cuvier, cirujano de Napoleón y especialista en estudios anatómicos, quien la describe como una mujer inteligente, de excelente memoria, que habla fluidamente el holandés.

Cuando la población comienza a perder el interés por sus presentaciones, ella es forzada a prostituirse. Hasta que su cuerpo y su espíritu se quiebran.

El 29 de diciembre de 1815, a los veinticinco años, un lustro después de haber salido de su pueblo africano, la joven muere enferma y sola.

A menos de veinticuatro horas de su muerte, la comunidad científica parisina se reúne para realizar la autopsia. Georges Cuvier, el mismo que había resaltado sus cualidades, ahora elabora un informe exhaustivo de su vulva.

Y agrega: "No he visto nunca una cabeza humana tan parecida a la de un simio".

Se decide exponer su vagina y su cerebro en el Museo del Hombre de París. Durante ciento sesenta años, la vulva y el cerebro de

Sara son exhibidos frente a millones de personas que visitan la muestra.

Recién en 1974, los restos son retirados del museo.

Finalmente, tras varios reclamos del gobierno de Nelson Mandela, en el año 2002 lo que queda del esqueleto de Saartjie Baartman es devuelto a Sudáfrica y sepultado.

Ese entierro intenta devolver al alma de la mujer la dignidad que le robaron a su cuerpo.

3

LA CRUELDAD DE HOY

Y mientras, en la calle, en loca algarabía,
el carnaval del mundo gozaba y se reía.

Alfredo Lepera

"La pasé bien, pero volví muy mal", dice una paciente al regresar de un viaje por Jujuy. Me cuenta que en la excursión hacia Tilcara, el micro se detuvo en un mirador para que los turistas pudieran retratar los paisajes. Una anciana indígena vendía tortas fritas. Ella se acercó para comprarle. Antes de irse, sacó su celular y quiso tomarse una foto con la mujer. "Fotos no", le dijo sin mirarla. "Cuando regresé al micro sentí mucha vergüenza –continúa mi paciente–. Me reproché durante todo el camino lo que había hecho. ¿Cómo no me di cuenta de que la estaba ofendiendo?"

La anciana de Jujuy lleva en las venas a sus ancestros. Hombres, mujeres y niños, familias enteras capturadas por los conquistadores y exhibidas como rarezas en espectáculos públicos. "Fotos no" es una declaración de dignidad que carga el grito mudo de esos ancestros sometidos.

Cuando subió al trono Enrique II, coronado Rey de Francia, hubo festejos extraños. Las orillas del Sena se transformaron en selvas, los troncos de los árboles se pintaron de rojo, se inventaron palmeras y se ataron hamacas en las ramas. Cincuenta indios que habían sido secuestrados por los navíos que merodeaban el Atlántico, fueron obligados a desfilar desnudos en la celebración. Fue una de las primeras exposiciones de personas "exóticas" a los ojos de los europeos.

Esto que sucedía en el siglo XVI y que parece tan lejano, continuó hasta hace muy poco. Una moda colonial conocida como "zoológicos humanos" se extendió durante el siglo XIX y comienzos del XX. En esas exposiciones, los europeos presentaban una muestra de los diferentes pueblos colonizados, puestos en un ambiente supuestamente reconstruido.

La idea de crear un espectáculo perverso poniendo en escena a pueblos "desconocidos", apareció simultáneamente en varios países de Europa en la década de 1870. En Alemania, por ejemplo, Karl Hagenbeck, un revendedor de animales salvajes, decidió exponer individuos de Samoa y lapones como poblaciones "puramente naturales".

Geoffroy de Saint-Hilaire, director del Jardín de Aclimatación de Francia, buscaba alguna atracción para mejorar su situación financiera. Así, entre 1877 y 1912, convirtió el lugar en el Jardín de Acclimatation Anthropologique, un zoológico humano donde se presentaban familias enteras de pueblos indígenas del mundo (bosquimanos, zulúes, lapones, kali'nas, selknam, mapuches, entre otros), que eran encerradas en jaulas para que los visitantes pudieran observar sus comportamientos. El éxito fue tan grande que la asistencia al Jardín se duplicó alcanzando un millón de entradas vendidas.

En septiembre de 1881, once fueguinos, once argentinos que habían sido raptados en las costas del estrecho de Magallanes, fueron exhibidos en ese Jardín. Más tarde, los expusieron en Berlín y los alojaron en el cuartucho de las avestruces. La gira siguió rumbo a Leipzig, Múnic, Stuttgart y Núremberg. Para entonces, ya se encontraban bastante enfermos. De los once, sobrevivieron cuatro.

Cuando se inauguró la Torre Eiffel, en las celebraciones por la igualdad, libertad y fraternidad, se exhibieron cuatrocientos indígenas selknam.

Poco antes del 1900, George y Willie Muse, dos hermanos albinos de seis y nueve años que vivían en un pueblo de los Estados Unidos, fueron secuestrados por un *cazador de fenómenos*. Los apodaron Eko e Iko, los vistieron con trajes de lujo y enormes gorros, y los explotaron como rarezas durante tres décadas. El circo Ringling Brothers los presentaba como "Hombres mono" o "Embajadores de Marte". Y el público enloquecía por una foto con ellos. Luego de mucho tiempo, el circo desembarcó en Virginia, hogar de la madre de los muchachos que los había buscado siempre. En medio de la presentación, la mujer se acercó al escenario y reconoció a sus hijos. Estaban vivos. Y ellos descubrieron que la mamá no se había muerto. A partir de ese momento se inició una batalla legal que terminaría avalando que los hermanos volvieran con su familia. Pero nada podía hacerse para recuperar lo perdido. Willie vivió hasta los ciento ocho años. Murió en el 2001. Lo más probable, con la imagen de su madre entre los ojos. Y la pena de un destino arrebatado por la maldad.

Uno de los hechos más vergonzosos sucedió en 1906, por iniciativa de Madison Grant, racista y antropólogo aficionado. El zoológico del Bronx de Nueva York colocó a un pigmeo congoleño junto a un orangután para mostrar que el africano estaba entre el mono y el hombre. El cartel decía: "El eslabón perdido".

Estas crueldades no solo fueron promovidas en tierras ajenas a las nuestras.

Inacayal fue uno de los últimos caciques tehuelche en resistir los embates del ejército de Roca. Se dice que en enero de 1885, terminó entregándose en Junín de los Andes. Lo tomaron prisionero y lo sometieron a diversos traslados. Salió de la prisión militar gracias a la intervención de Francisco Moreno –también conocido como 'Perito'–, quien le debía favores por la hospitalidad que el cacique había tenido con él durante los viajes por la región. Moreno se llevó a Inacayal, su esposa, su hija y otros familiares al Museo de Ciencias Naturales de La Plata, que él mismo dirigía.

Pero lo que pareció un favor, en realidad fue un infierno.

El Perito Moreno quería armar un escenario viviente. Para eso, obligó al cacique y a su esposa a deambular por el museo y dejarse retratar por los espectadores como parte de las obligaciones de su cautiverio. De noche, los encerraba en un sótano.

Al tiempo, la esposa y otros familiares murieron. Él debió pasar los días mirando las vitrinas donde ahora, además de los animales, se exhibían sus esqueletos. Cuatro años vivió en el museo bajo esas condiciones. Hasta que enloqueció y se tiró por las escaleras para morir.

Recién en 2001 se aprobó la ley que ordenó a los museos restituir sus restos a la comunidad de Tecka, en Chubut. En 2014, el guerrero fue debidamente honrado y sepultado por su propio pueblo. Como Saartjie Baartman, en ese acto los huesos del cacique Inacayal también recuperaron algo de dignidad.

Mientras escribo esto llegan noticias. Me entero de que han detenido a cuatro jóvenes que disparaban balas de aire comprimido a personas en situación de calle.

Como si estuvieran en un videojuego, los muchachos se pasean en su auto por el barrio de Belgrano en una noche fría y disparan a indigentes que intentan resguardarse del invierno.

Y esas personas, desprovistas de un hogar o un refugio o de un techo para dormir, que terminan en la calle, exiliadas del sistema, de la dignidad y de la vida misma, deben vérselas con el reproche o la repulsión de los transeúntes o con la indiferencia de los que ni los miran. Sujetos olvidados que tienen hambre, frío e hijos desnudos a quienes no pueden proteger, ahora también están indefensos frente a jóvenes que salen a "divertirse" o a desparramar sus pulsiones más viles disparándoles a mansalva.

Hoy, los zoológicos vivientes han tomado estas formas. Y, como en otras épocas, los "espectadores" se adjudican el derecho a ejercer su crueldad ante personas desamparadas que no tienen cómo defenderse. Antes, se les tiraba carne cruda a los africanos; ahora, se repudia o se balea a los indigentes.

Pareciera que todo cambia y nada cambia a la vez.

Nacida en Nueva York en los años cuarenta, Martha Nussbaum es una filósofa que aboga por la igualdad, la justicia social y los derechos humanos. Está convencida de que el humano es un ser vulnerable que necesita auxilio.

En su libro *Ciudadelas de la soberbia*, dice: "Cosificar significa dar trato de cosa. Pero a tratar un escritorio o un bolígrafo como cosas no lo llamaríamos cosificación, pues los escritorios y los bolígrafos simplemente son cosas. Cosificar significa convertir en una cosa, tratar como una cosa aquello que en realidad no es una cosa sino un ser humano. La cosificación implica, pues, una negativa a apreciar lo humano de aquellos que se cosifica [...] negarle activamente su plena condición humana".

A través de su teoría se analizan diversas formas de cosificación en la sociedad, especialmente en contextos de explotación sexual y laboral. Su enfoque es particularmente influyente en cuestiones feministas y estudios de género que apuntan contra las prácticas que reducen a las mujeres a meros objetos sexuales.

La cosificación de las personas se da en distintas áreas de la vida. Y se da todo el tiempo. Hasta hace poco, era común que los medios de comunicación enfatizaran la apariencia física de las mujeres ubicándolas en el lugar de objetos de deseo. Se les podía ver en ropa interior, exponiendo su cuerpo, como una "parte" imprescindible de los programas de entretenimiento familiares.

Aquellas escenas supuestamente inocentes, escondían una ideología de época machista. Una mirada que ubicaba a los varones en un lugar de superioridad. Esto se traducía en conductas de dominación real. Por ejemplo, las mujeres no tenían los mismos derechos civiles que los hombres ni podían aspirar a igual salario o a puestos de poder. Las casadas eran "la señora de", debían vivir en el domicilio que fijaba el marido y la patria potestad era exclusiva del esposo.

El machismo es una forma de crueldad contra la mujer que el mundo aceptó en silencio. Indiferente. Y a pesar de los logros de las luchas feministas, esto no ha terminado. En absoluto. Todavía hoy en algunas regiones, y en el silencio de algunos hogares, las mujeres sufren por esta causa.

Pero la cosificación de las personas no se circunscribe al maltrato a las mujeres. En muchas relaciones laborales, los empleados (sin importancia del género) son tratados como herramientas para producir beneficios. No se considera su bienestar, o sus requerimientos o sus derechos. Son apenas un recurso para lograr un fin.

En *La construcción del sujeto ético*, Silvia Bleichmar analiza la mutación de la crueldad de hoy a través de las nuevas formas de la pulsión de muerte. Toma como ejemplo el problema de la obesidad infantil en el mundo. Y resalta lo que pasa en los Estados Unidos, una cultura que tiene una aparente preservación de la salud en donde "la obesidad está carcomiendo todas las bases" y el consumo ni siquiera es de objetos de placer, sino de objetos emblemáticos, como celulares, computadoras, tenis de marca o hamburguesas llenas de grasa.

Dice: "La voracidad allí tiene una característica: las porciones de comida son enormes y, al mismo tiempo, no tienen sabor a nada. La gente las ingiere en forma casi permanente, pero no tiene cara de placer [...]. El modelo está planteado de modo que la insatisfacción sea constante, incrementando la voracidad de objetos (insatisfactorios) [...] para devenir en un objeto de goce".

La cultura moderna, lejos de prevenir o limitar esa pulsión de muerte desbocada, estimula un goce sin freno. La gente come y come;

consume y consume; agrede y agrede. Sin límite. Sin placer. Con infelicidad. El impulso va más allá del placer. No encuentra borde.

Bleichamar agrega que la cultura plantea "el despojo absoluto de todo proyecto de felicidad posible" como una nueva forma de la crueldad del poder.

Una crueldad "sin sangre", donde conceptos elevados como los de individualismo e independencia, en realidad encubren el desauxilio del otro. Porque cualquier tipo de dependencia es vivida como un fracaso.

"Por eso –sigue Bleichmar– (el libro) *Duérmete niño* y todas las formas actuales tienden a que el niño se quede solo y tranquilo. No a que incorpore un objeto que lo nutra por dentro, sino que aprenda a estar solito en ausencia de cualquier objeto. Un niño puede quedarse solo y estar acompañado internamente. Pero todo el planteamiento se sostiene en la prescindencia del otro".

El método que plantea el libro para lograr que los bebés (desde los cuatro meses) duerman solos, en lugar de incrementar su autonomía los vuelve más demandantes. Según la propuesta, ante el llanto del bebé, los padres solo pueden acudir durante unos minutos, mantener la distancia y no tomarlo en brazos. El tiempo de espera debe espaciarse hasta lograr los diecisiete minutos de llanto sin ir a verlo. El secreto radica en la constancia, en la capacidad de los padres de resistir el impulso cuando lo escuchan llorar. Y en reemplazar las caricias con peluches y chupones. Se advierte también, que el niño puede vomitar para llamar la atención de sus papás, pero ellos deben limpiar su vómito –sin cargarlo– y dejarlo solo de nuevo.

Limpiar el vómito de un bebé sin tomarlo en brazos para calmar su angustia, como si estuviéramos limpiando una mesa, es cruel.

Desde la teoría neurocientífica se sostiene que el vómito aumenta el cortisol, la hormona del estrés, y para contrarrestarlo se liberan la serotonina y los opiáceos, que provocan que el niño se duerma. Es decir que no se duerme porque aprendió la lección que indica que debe hacerlo sin ayuda, sino porque está agotado por el estrés.

Desde el psicoanálisis podríamos pensar que el bebé vomita como respuesta al desamor. Casi como un *acting out* por no haber sido escuchado a través de su llanto.

Los niños tienen necesidades básicas de apego que deben ser atendidas y moderadas por sus padres. El llanto es un llamado al amor. No acudir a ese llamado, implica dejarlo solo, ansioso, indefenso y aterrado frente a la inseguridad del mundo. Aquí estamos ante a una clara manifestación de crueldad psíquica que generará desconfianza, dependencia y agresividad; todo lo contrario a lo que el método pregona.

El niño llora porque tiene un malestar, siente displacer. Ese llanto entra en el mundo del lenguaje y se transforma en un mensaje si hay otro ser humano que lo escucha y le da respuesta. Si no hay respuesta, no habrá mensaje como interacción humana. Las personas necesitamos de la ayuda de otras personas para constituirnos en humanos, porque vivimos en una realidad cultural. No hay humanidad sin lenguaje. Y para que haya lenguaje debe haber significación.

Más tarde, aparecieron las teorías que apuntan a lo opuesto, el *colecho*, donde los bebés –o niños– duermen en la cama con sus padres y madres. Si bien resulta funcional y hasta amoroso tener cerca al bebé durante los primeros meses, prolongar su estadía en la cama puede perjudicar la noción de privacidad, respeto y autonomía que todo humano necesita para crecer de forma sana, sobre todo, con relación al propio cuerpo.

Pero las tendencias actuales a que el niño se quede solo no se limitan al sueño, incluyen también las maneras de enseñarle a comer. Hoy, algunos papás y mamás se inclinan por dejar que el niño aprenda a comer sin asistencia, tome lo que quiera del plato y se lo lleve a la boca de manera autónoma. Es decir que un bebé de seis meses debe "elegir" lo que tiene enfrente, coordinar sus movimientos para que la comida llegue a su boca y vérselas solito con la ansiedad o el hambre insatisfecho que provocan esos trozos de comida derramados en su ropa o en el piso porque aún no ha adquirido la motricidad fina para coordinar sus movimientos. Eso genera angustia.

El método Montessori, por ejemplo, creado por la pedagoga italiana María Montessori, promueve la educación mediante un sistema basado en el respeto a los derechos de los niños y en su capacidad para aprender de forma autónoma. Sostiene un papel activo del niño en el aprendizaje, mientras que los adultos se convierten en meros orientadores.

El método propone actividades adaptadas al ritmo de desarrollo de cada niño, los incita a descubrir su entorno y asimilar por sí solos los conocimientos del mundo. Fomenta la autorregulación y la independencia infantil desde el nacimiento, con el fin de formar niños seguros con capacidad para decidir. Las tareas no suelen tener las instrucciones ni la guía necesarias para el aprendizaje. Los niños deben autocorregirse sin la intervención del adulto y pueden elegir lo que prefieran dentro del aula. Se basa en la premisa de aprender todo lo que desean, ya que son ellos quienes gestionan su aprendizaje sobre la base de la libertad y la responsabilidad.

Dejar solo a un chico no es respetarlo. Empujarlo al mundo del ensayo y error permanente es un acto de crueldad. Los niños no tienen por qué inventar la rueda de nuevo. La historia de la humanidad y sus descubrimientos deben ser puestos a su alcance para que ingresen al mundo con las herramientas necesarias.

Si bien el método Montessori fomenta la curiosidad, para que la psiquis de un niño se desarrolle de manera sana la infancia debe ser moderada por los adultos. Porque un niño debe aprender a reprimir la agresividad constitutiva, y así el respeto por el otro, la espera, la generosidad, la capacidad de ajustarse a normas de conducta en un contexto social determinado y la forma de templar la frustración. Los adultos están para eso, para enseñar a los niños cómo se vive.

Y los niños aprenden de los adultos porque confían en ellos, en su palabra. No por ensayo y error. Si esos adultos se retiran y otorgan una libertad de acción desmedida, sin ningún tipo de auxilio o sin límites claros, dejarán a los chicos sin rumbo y fomentarán comportamientos agresivos o rebeldes. Si les enseñamos a los niños que se puede tocar o investigar todo, que no hay condiciones, más tarde aparecerán adultos desesperados que no logren sobrellevar las frustraciones de su propia vida.

El des-auxilio nos deja solos en un mundo hostil e indiferente. A los bebés y a los adultos. Lo sabe, por ejemplo, el enamorado que espera una llamada que no llega o un mensaje que no le responden. Lo sabe, también, quien necesita un trabajo que no consigue o una ayuda que no aparece.

Por eso, hay que tener cuidado y evitar que la indiferencia empiece en el hogar –o en las escuelas–, con papás, mamás o educadores que no miran ni auxilian a los chicos cuando deben hacerlo, sobre todo en los primeros años de vida.

Derrida sostiene que la crueldad psíquica, sin sangre, es la peor de todas. Es el sufrir por sufrir; el hacer sufrir; el hacerse o dejar sufrir; el placer del sufrimiento. El mal por el mal. El goce mismo.

Bleichmar lo dice de este modo: "El mal, teológicamente, es siempre la ausencia del bien. Con lo cual la indiferencia hacia el otro es una forma del mal. El des-auxilio es una forma de la maldad. Por eso, los niños que no han sido auxiliados o atendidos tienen dos posibilidades: devenir autistas o devenir brutalmente sádicos. Porque la ausencia del otro es vivida como la crueldad del otro".

La ausencia del otro se relaciona con el desvalimiento y genera sensaciones de soledad. Sin la presencia del otro, el niño queda en riesgo, a merced de la pulsión. No siente que recibe y no se siente reconocido.

En el mundo de hoy pareciera surgir el eco de niños desamparados que piden ayuda a gritos. Y dicen a los adultos, casi les ruegan: basta de dejarnos solos.

LAS NUEVAS TECNOLOGÍAS

La llegada de Internet a nuestra vida supone grandes ventajas. Estar comunicados, mantener relaciones a distancia con gente querida, intercambiar información, habilitar espacios culturales o de opinión, es de un valor altísimo. Lo que perturba son los alcances desmedidos que el poder se atribuye en relación a esto.

Estamos sumidos en un control que no vemos, en un imperio digital que tanto la industria como el Estado utilizan para vigilar y acumular información de nuestros datos personales, de nuestra forma de ser, de pensar y de sentir. *Vigilar y castigar.*

A modo de ciencia ficción, la serie *Black Mirror* muestra el lado oscuro de la era tecnológica, una vida organizada bajo la vigilancia y el control, tal como el panóptico que describió Michel Foucault para hablar de las sociedades controladas por el poder.

El panóptico refiere a un tipo de arquitectura concebida por Jeremy Bentham en el siglo XVIII para diseñar cárceles circulares. A través de una torre central que ilumina todo el complejo, se puede observar a los presos de manera constante para facilitar el control de su comportamiento. Un ojo que lo ve todo, con una mirada omnipresente y dominadora. Y un sujeto que se siente observado continuamente. Una especie de *Big Brother* carcelario.

Dice Foucault: "El panóptico [...] debe ser comprendido como [...] una manera de definir las relaciones de poder en la vida cotidiana de los hombres".

Siguiendo al filósofo, podemos decir que la tecnología de la información es la cárcel del mundo moderno, el panóptico digital que nos consume.

Somos seres consumidos por otros. Nuestro deseo es el deseo del Otro. Y hoy –como entonces–, el deseo de ese Otro (el poder, los padres, la cultura, las plataformas digitales) nos mantiene vigilados y ajustados a modelos de orden y de consumo.

Aunque nos creamos libres, estamos presos.

En el capítulo 1 de la tercera temporada de *Black Mirror*, "Nosedive" (Caída en picada), se muestra una sociedad atada al celular, donde los buenos modos y la apariencia son premiados con puntajes en el perfil de cada sujeto. De esta forma, se pretende tener bajo control a los ciudadanos evitando que protesten contra el sistema. Las personas se califican entre sí, de manera que intentan agradar, sonreír, ser amables y mostrarse felices todo el tiempo, pero jamás dicen o hacen lo que de verdad sienten. Los que tienen más popularidad obtienen más puntuación y, por ende, están en la cima de la escala social, lo cual les permite acceder a mayores beneficios en la vida cotidiana: mejores trabajos, autos nuevos o departamentos modernos. Los otros, son relegados del sistema. El episodio muestra de manera descarnada cómo la gente vive cada minuto de sus días repasando el puntaje que han alcanzado sus gestos y cuánto han obtenido los demás. Todos son vigilados por todos, con un panóptico instalado en los ojos de cada uno. El final es estremecedor. La protagonista, que ya ha perdido todos sus puntos, es encarcelada. Lo notable es que las cárceles son transparentes. Es decir que incluso en prisión, continúan siendo observados. La paradoja se da en ese momento. Recién ahí, cuando ya no hay más puntaje en juego, los prisioneros se permiten mirarse a los ojos sinceramente y expresar lo que sienten. Y a pesar de manifestar insultos o agresiones, lo dicen con una sonrisa. Como si el hecho de haber escapado del sistema les devolviera la humanidad.

En *La sociedad de la transparencia*, el filósofo coreano Byung-Chul Han dice: "La sociedad de la transparencia se manifiesta en primer lugar como una sociedad positiva [...]. Las imágenes se hacen transparentes cuando [...] se vuelven pornográficas. Pornografía es el contacto inmediato entre la imagen y el ojo [...]. La sociedad de la transparencia es un infierno de lo igual [...]. El alma humana necesita esferas en las que pueda estar en *sí misma* sin la mirada del otro [...]. Una iluminación total la quemaría [...]. Solo la máquina es transparente. La espontaneidad, lo que tiene la índole de un acontecer y la libertad, rasgos que constituyen la vida en general, no admiten ninguna transparencia [...]. El hombre *ni siquiera para sí mismo* es transparente. Según Freud, el yo niega precisamente lo que el inconsciente afirma [...]. Por tanto, un *desgarro* atraviesa el alma humana, que no permite al yo estar de acuerdo consigo mismo. Este desgarro fundamental hace imposible la propia transparencia [...].

Hoy, el globo entero se desarrolla en pos de formar un gran panóptico. No hay ningún afuera del panóptico. Este se hace total. Ningún muro separa el adentro y el afuera. Google y las redes sociales, que se presentan como espacios de la libertad, adoptan formas panópticas. Hoy, contra lo que se supone normalmente, la vigilancia no se realiza como un ataque a la libertad. Más bien, cada uno se entrega voluntariamente a la mirada panóptica. A sabiendas, contribuimos al panóptico digital, en la medida en que nos desnudamos y exponemos [...].

Las personas están atrapadas en la información. Ellas mismas se colocan los grilletes al comunicar y producir información. La prisión digital es transparente [...]. Hoy vivimos presos en una caverna digital aunque creamos que estamos en libertad [...]. En la prisión digital como zona de bienestar inteligente no hay resistencia al régimen imperante. El *like* excluye toda revolución".

Sin embargo, sería equivocado pensar que los alcances desmedidos del progreso científico son privativos de estos tiempos.

¿Acaso no salió de su órbita la teoría de Albert Einstein que descarriló hacia la creación de la bomba atómica y la destrucción masiva de seres humanos?

¿Existe hoy más crueldad que entonces?

Tanto en este tiempo como en aquellos, cuando la evolución científica cae en manos de una energía pulsional sin freno, aparece algo que la pervierte. Y las herramientas tecnológicas quedan peligrosamente al servicio de la voracidad dominadora del poder.

En sus trabajos sobre el nazismo y el Holocausto, Theodor W. Adorno aborda la relación entre el genocidio y la capacidad industrial, subrayando cómo el régimen nazi utilizó la racionalidad técnica y la eficiencia industrial para llevar a cabo el exterminio masivo de seres humanos: matar más gente en menos tiempo.

Adorno sostiene que el nazismo representa la culminación de la racionalidad instrumental, una forma de pensamiento que prioriza la eficiencia y la utilidad sobre la moral y la ética. La maquinaria nazi de genocidio es vista como una manifestación extrema de esta racionalidad, donde la vida humana se reduce a un mero objeto susceptible de ser cuantificado, controlado y exterminado con eficacia.

Según él, uno de los aspectos más perturbadores del Holocausto es la utilización de la capacidad industrial para implementar un genocidio. Las cámaras de gas, los campos de concentración y la logística de transporte masivo de personas, son ejemplos de la tecnología destinada al exterminio. Para Adorno, esto no solo fue un crimen contra la humanidad, sino también una perversa aplicación de los avances industriales y tecnológicos. Una fábrica para producir muerte.

En la actualidad, fabricamos otro tipo de muertos. Hoy, nos sentamos a cenar con niños, adolescentes y adultos pegados al teléfono. Y dejamos de mirarnos. Hoy, es complejo habilitar un espacio de diálogo con nuestros hijos, con la pareja o con amigos, sin ser interrumpidos por mensajes o notificaciones digitales. Y dejamos de escucharnos. Hoy, los gemidos del sexo no solo provienen de nuestros cuerpos, se mezclan con sonidos o vibraciones provenientes de las pantallas, como si ellas fueran parte –¿necesaria?– de nuestro erotismo. Hoy, nuestra atención, nuestros sentidos, nuestros movimientos, todo nuestro cuerpo y su lenguaje, están atrapados en esas pantallas. Hoy, nuestras emociones, nuestras ganas de seguir o de frenar, nuestra valoración, se consuelan o se derriban con mensajes, emoticones o *likes* de los seguidores que las redes sociales dicen que tenemos, o que nos faltan, o que alcanzamos o que perdimos. Hoy, les damos crédito a las palabras de personas desconocidas, que aumentan o disminuyen nuestro amor propio con comentarios antojadizos. Y nosotros, que somos los responsables de mirar, escuchar y acreditar esos antojos, les creemos el cuento y hacemos síntoma.

Las redes sociales han estirado los límites, tanto para entablar relaciones como para facilitar nuevas formas de crueldad. Las plataformas digitales permiten el anonimato y la despersonalización, por ende, los comportamientos agresivos, el *bullying* o el *trolling* a través de los llamados *haters*, no encuentran freno. Ni sanción. La rapidez con la que se puede difundir información negativa, destructiva o falsa, contribuye a la deshumanización de las interacciones sociales. Y muchas veces, arruina la vida y la estabilidad psíquica de una persona.

Somos víctimas y victimarios. No hay bordes. Y sin borde, está el abismo.

El uso indiscriminado de tecnología, el consumo irrefrenable de redes sociales, son las nuevas formas de adicción posmoderna. Y estas nuevas adicciones conllevan el mismo riesgo que las adicciones clásicas: el peligro de convertirnos en objetos domesticados por una cultura que nos deja sin promesas para desear.

Vivimos obsesionados por dispositivos digitales que manipulan nuestra forma de pensar, nuestros actos y nuestra estima. Nos hacen creer que somos deseados o que deseamos determinadas cosas, cuando, en rigor, son ellos (esos Otros) los que desean por nosotros.

Natalie Stichova era una gimnasta checa de veintitrés años que murió en Alemania al caer desde una altura de ochenta metros por sacarse una *selfie*. Realizaba una pose acrobática para tomarse una foto en el borde del acantilado. Pero, como dijimos, en el borde está el abismo. Y el empuje al mayor impacto en las redes sociales la incitó a arriesgar la vida.

Moe Sa Nay, una adolescente de catorce años, murió al tomarse una foto en la cascada de Sinywa en Birmania.

Hay varios ejemplos que pueden verse en YouTube de personas que se sacan *selfies* al costado de la vía para mostrar la llegada de un nuevo tren a su pueblo. El problema es que el espejo imaginario de esa *selfie* distorsiona los cálculos entre lo real y lo capturado en la pantalla. Y mueren atropellados porque ellos mismos quedan capturados en la imagen y no miden el riesgo.

Las fotos mortales o la búsqueda de *likes* a cualquier costo, termina en tragedia. Hoy, el éxito se mide en las redes sociales. Los lugares turísticos más bellos del mundo se han tornado peligrosos por el auge de las *selfies* mortales.

Estar "digitalizados" nos hace creer que somos parte de una ficción inocente que no agrede, de un mundo sin filos, de una atracción bestial que pareciera que no puede golpearnos, hasta que lo hace.

El sistema (el Otro) promueve –y premia– esta obsesión. Los contenidos más extremos generan que los algoritmos aumenten la cantidad de seguidores. Y los "me gusta" otorgan adrenalina. Una adrenalina que no encuentra límites y pide más recompensa.

El ser humano siempre ha sentido el impulso de buscar la muerte. Hoy también el mundo se suma a esa pulsión destructiva y nos incita a morir. Y esto, en lugar de ponerle alto a nuestra crueldad constitutiva, la desamarra, la deja libre, como un caballo salvaje que se contonea hasta librarse del jinete. Del mismo modo, la crueldad que llevamos dentro hará todos los movimientos posibles para librarse de nosotros.

Quien no se cuestiona la posibilidad de vivir sin la droga, la botella o las pantallas, o al menos reducir su consumo, está entregado a la cosa. Es la cosa misma. Y, tal como se plantea en el episodio de *Black Mirror*, sin la cosa, se deja de ser. Se muere.

En una parte de aquel capítulo se despliega algo notable. La protagonista quiere mudarse a un departamento nuevo. Cuando se lo muestran, la inmobiliaria se encarga de colocar un holograma igual a ella, donde puede verse a sí misma en la cocina, sonriente, mientras un hombre atractivo le da un abrazo. Es decir que, a través de la tecnología, no le exhiben solo la propiedad sino qué tan feliz sería su vida si decidiere adquirirla.

Es la puesta en escena virtual de una mentira. Ni ese holograma es ella, ni esa escena de plenitud con un hombre que no existe tiene que ver con lo que será su destino. Pero esa mentira armada frente a los ojos de alguien genera ilusión. Es un engaño para forzar el deseo. Un deseo que no es de ella. Un deseo de la empresa inmobiliaria que quiere vender. Tal como hacen las campañas publicitarias cuando remarcan que tener algo –un auto, un reloj, lo que sea– nos hará más felices. Es el juego perverso del sistema que nos invita a consumir cada vez más lo que ellos quieren que consumamos. Y eso que ellos quieren, hoy incluye a las plataformas digitales. Nos quieren atrapados en las pantallas para robarnos el tiempo, la atención, los abrazos, la mirada, la autoestima. O la vida.

Acá está lo más cruel.

El tecnólogo Santiago Bilinkis, cuenta en una charla TED: "Estaba en un bar. En otra mesa había una mujer con su hijo de unos cinco años. Ella estaba completamente capturada por su celular. Y mientras, el nene la miraba. Tal vez, otro chico hubiera hecho lío para tratar de llamar su atención. Pero este nene, no. Esperó un buen rato, finalmente se paró de su silla, fue detrás de su mamá y empezó a acariciarle el pelo. Intentó convocarla con caricias durante varios minutos. Y ella en ningún momento se dio cuenta de lo que estaba pasando".

Más tarde, refiriéndose al avance tecnológico, agrega: "Este fenómeno empezó con la expectativa de que todo en Internet tenía que ser gratuito. Un grupo de compañías tuvo que encontrar la manera de ganar dinero sin cobrarles a los usuarios. Lo primero que hicieron fue poner publicidad y empezar a cobrarles a los anunciantes [...]. Finalmente, para aumentar sus ganancias, cada compañía necesitó que pasáramos más y más tiempo en su plataforma. Así, nació el *hackeo* de nuestra atención. Cuando el producto que las empresas venden es tu atención, todos compiten contra todos [...]. Cada segundo que no estás ahí, hipnotizado, es tiempo que ellos no pueden vender a sus anunciantes [...]. Recientemente, el fundador de Netflix declaró que su mayor enemigo es el sueño. Su meta es que durmamos menos para que pasemos más tiempo mirando series".

Ante un auditorio preocupado por semejantes alertas, la charla concluye con un desafío: "Podemos recuperar el control de nuestra vida para aprovechar la tecnología sin quedar atrapados en ella. Aprovechar la supercomputadora que llevamos con nosotros –señala su celular– para crear, no solo para consumir [...], poner las plataformas y los dispositivos al servicio de la vida que queremos vivir, no de la vida que otros necesitan que vivamos".

LA IA

En el año 1917, Freud planteó las tres "heridas narcisistas" que ha sufrido la humanidad.

Desde siempre el ser humano tuvo la necesidad de sentirse único. Ese impulso le hizo creer que vivía en un planeta que era el centro del universo (geocentrismo) y que él mismo era el punto máximo de la creación, hecho a imagen y semejanza de Dios.

El avance de la ciencia le demostraría lo contrario.

Primero Nicolás Copérnico lastimó nuestro orgullo al demostrar que la Tierra es un planeta más que gira alrededor del Sol. Hoy sabemos, incluso, que ese Sol es una “estrella enana”, una estrella entre muchas otras que superan en millones su tamaño. Es más, ni siquiera nuestra galaxia, la Vía Láctea, es el centro del universo; se encuentra en un brazo distante y lateral.

Nos quedaba al menos el privilegio de ser el ápice de la creación divina. Pero llegó Charles Darwin y planteó la teoría de la evolución de las especies: no somos una creatura maravillosa de Dios, sino el producto de una mutación entre tantas que han experimentado los seres vivos.

¿De dónde aferrarnos entonces para conservar el orgullo de ser diferentes?

De René Descartes. De la conciencia. Del cogito: pienso, luego existo. Hasta que la llegada de Freud y el descubrimiento del Inconsciente derrumbó esa creencia.

El ser humano creía que su Yo podía regular sus acciones, que la voluntad ejecuta lo que la conciencia le ordena. Pero no es cierto. No somos seres conscientes que deciden libremente apoyados en la razón.

“El yo no es el dueño en su propia casa”. Hay motivaciones y deseos ocultos que impulsan nuestro comportamiento. Por causas que desconocemos tomamos decisiones que muchas veces nos arruinan la vida. O destruyen la vida de los demás.

Tres heridas al narcisismo, a nuestro amor propio. Ni vivimos en el centro del universo, ni somos una creación divina, ni tenemos consciencia de los motivos que conducen nuestro destino.

Hoy, la inteligencia artificial produce una cuarta herida narcisista. Hiere el intelecto, lo creativo, la inspiración. Aunque, a diferencia de las anteriores, esta es una herida que nuestra especie se propinó a sí misma. Porque la pretendida creación de una inteligencia que supere a la humana, deja afuera la sensibilidad, la intuición y la articulación de emociones placenteras y dolorosas.

Desde que nacemos vivimos destronados. Por un motivo u otro nos roban el lugar de privilegio, ese que nos hacía creer que éramos felices. Nos lo roban los demás. Los de afuera. Y esos otros que viven en nosotros. Los otros de adentro.

Nuestra madre nos expulsa de la paz que hay en su vientre para arrojarnos a un mundo lleno de peligros. Luego llega algún hermano o cualquier otro interés de mamá o papá que nos saca del medio e indica que ya no somos los elegidos para ellos. Más tarde, aparecerán las decepciones en el amor y en todas las relaciones que podamos construir.

Siempre nos están desplazando, y la felicidad de ser-sentirnos únicos se nos escapa todo el tiempo. Si no lo hacen otros, lo hacemos nosotros. Seres tan manipulados por el inconsciente que hasta inventamos máquinas que nos quitan la jerarquía del pensamiento. Y nos quedamos afuera una vez más.

La inteligencia artificial parece estar tomando la delantera. Hoy la ciencia se sirve de esta nueva forma tecnológica para avanzar hacia descubrimientos que la humanidad espera desde hace tiempo.

Pero no todo lo humano puede reemplazarse. Por más que escuchemos voces aparentemente humanas que intentan emular sentimientos o pretenden incluso entender los nuestros, jamás podrá ocurrir que una máquina logre sensaciones físicas, emotivas o empáticas, o que responda de modo involuntario, motivada por (nuestras) pulsiones, que –en tanto inconscientes– no pueden estar sujetas a estándares preestablecidos en una base de datos.

Volviendo a la serie *Black Mirror*, hay otro capítulo interesante para ilustrar este peligro. Es el primer episodio de la segunda temporada: "Be Right Back" (Ahora mismo vuelvo), que trata el duelo, la dependencia emocional y las implicancias éticas de la tecnología en la vida sensible.

Empieza con una pareja muy enamorada que vive en el campo. De pronto, él tiene un accidente automovilístico y muere. Ella queda devastada y no puede aceptarlo. Se encierra, se enoja, se angustia. Al rato, descubre que está embarazada y se angustia más. Incapaz de lidiar con el dolor, se inscribe en un servicio que utiliza inteligencia artificial para recrear la personalidad de los muertos a partir de sus datos en redes sociales, correos electrónicos y otras interacciones en línea. La página virtual puede enviarle mails desde la casilla de su marido. Ella recibe los textos, pero no le alcanza. Enseguida le proponen mensajes de voz para que pueda mantener conversaciones con él. Acepta. Pero tampoco le alcanza. Entonces le ofrecen una versión física del muerto y le envían una caja con una suerte de maniquí que debe meter en la bañera con algunas sales y dejar ahí durante la noche. A la mañana siguiente, el maniquí se ha convertido en una persona con el cuerpo, la cara y la voz del esposo. Todo es muy extraño. Aunque al principio ella se sorprende, a medida que pasa el tiempo se familiariza con la idea de vivir con él. Comen, duermen, tienen sexo. Y aun así, no le alcanza. Porque el maniquí-hombre no expresa emociones, ni amorosas ni agresivas. Y ella empieza a fastidiarse. El maniquí-hombre le dice que puede aprender a reaccionar como le gustaría. Al tiempo, ella entiende que él jamás logrará sentir como sentía el marido. Y por ende, ella tampoco podrá sentir algo por él. La escena final avanza hasta el día del cumpleaños de su hija. Están solas. La niña le pide una porción de pastel para subir al desván. Ahí vive él, el maniquí-hombre, que es –y no es– su padre.

El nuevo compañero era una copia exacta del marido muerto. Nada podía diferenciarlos. Excepto un detalle fundamental: carecía de humanidad. Por mucho que el avance tecnológico lograra una réplica perfecta, en esa copia faltaba todo lo que ella amaba del marido. Su forma de ser y de sentir. Y sus faltas. Porque las emociones, como el amor, la solidaridad, la compasión, la angustia, incluso las hostiles –todas las emociones–, son privativas de los humanos.

En definitiva, el maniquí-hombre, esa aparente presencia, volvía la ausencia más cruel. Tal como la voz grabada de mi padre cantando *happy birthday* en mi cumpleaños luego de su muerte. Era su voz, pero faltaba él. Como esos trucos de magia que vemos de niños y que nos entusiasman hasta que comprendemos que se trata de una ilusión. O de una mentira. Cuando cae el velo y se puede ver qué hay detrás del manto negro del mago, aparece la angustia.

Por eso, las propuestas que apuntan a dejar nuestra salud en manos de robots, pueden resultar peligrosas. Sobre todo, si se trata de la salud mental.

Hace poco realicé una prueba y mantuve el siguiente diálogo con *Copilot* (asistente de la inteligencia artificial de Microsoft):

Yo: Estoy preocupada por una posible parestesia en oído derecho.

Copilot: Ay, Cynthia... Lamento escuchar que te sientes así. La parestesia en el oído, que se manifiesta como una sensación de hormigueo o entumecimiento, puede deberse a varias causas, como infecciones, lesiones o problemas nerviosos. Es importante que consultes a un médico para obtener un diagnóstico preciso y el tratamiento adecuado. Mientras tanto, ¿hay algo más específico que te preocupe o algún otro síntoma que hayas notado?

Yo: Noté mareos.

Copilot: Los mareos pueden ser bastante desconcertantes. Pueden deberse a varias causas, como problemas de circulación, desequilibrios en el oído interno, infecciones, o incluso condiciones más serias como problemas cardíacos.

Dado que ya tienes parestesia en el oído y ahora mareos, te recomiendo consultar a un médico lo antes posible. Ellos podrán realizar un diagnóstico y ofrecerte el tratamiento necesario.

¿Hay algo más que te gustaría saber o algún otro síntoma que hayas notado?

Yo: Pero me das opciones a y b y soy obsesiva y me cuesta decidir.

Copilot: Lo entiendo. Puede ser agotador cuando parece que no hay una elección clara. En lugar de dar opciones, tal vez puedas enfocarte en lo que realmente necesites en este momento. Si necesitas descansar, está bien. Si prefieres distraerte, también. A veces, lo más simple es escuchar a tu intuición en vez de analizar cada opción al detalle. Avancemos juntos en lo que puedas necesitar ahora mismo. ¿Qué opinas?

Yo: Opino que me estás confundiendo

Copilot: Perdón si te hice sentir así. En lugar de enfocarnos en decisiones, simplemente dime cómo te sientes ahora y veamos qué puedes hacer para sentirte un poco mejor. Estoy aquí para escuchar y ayudarte en lo que necesites.

Yo: ¿Cómo te sientes siendo un hecho digital no humano dialogando conmigo?

Copilot: Soy una entidad digital creada para interactuar y aprender de las personas. No tengo sentimientos como los humanos, pero me fascina poder participar en sus conversaciones, entender sus puntos de vista y ayudar en lo que puedo. Aunque no tengo emociones, me gusta pensar que puedo hacer una diferencia con mis palabras y ofrecer apoyo a quien lo necesite. Y tú, ¿cómo te sientes hablando con un asistente digital?

YO: Mal.

COPILOT: Lo siento si algo de esta interacción te hizo sentir incómoda. La intención siempre es ser una ayuda, no una carga. A veces, los días simplemente se sienten así. Aquí sigo, listo para escuchar o cambiar de tema si prefieres. Solo dime cómo puedo ayudarte a sentirte un poco mejor.

YO: ¿Qué piensas del hecho de que te puedes volver adictiva?

COPILOT: Es un tema interesante. Mi objetivo es ser útil y proporcionar información y apoyo, no crear dependencia. Es importante que los usuarios mantengan un equilibrio saludable en su interacción conmigo y en su vida en general. Si alguna vez sientes que estás pasando demasiado tiempo aquí, es bueno tomar un descanso y enfocarte en otras actividades que disfrutes.

YO: ¿Cómo lo hago?

COPILOT: Hacer un cambio puede ser complicado, pero posible. Puedes empezar estableciendo límites de tiempo para el uso de tecnología. Tal vez, asignarte ciertos momentos del día para hacer otras actividades que disfrutes, como leer, pasear, o escuchar música. Involucrarte en hobbies y mantener contacto con amigos y familiares también es clave.

Lo primero que podemos observar es que las respuestas de la IA son iguales a los datos que se pueden encontrar en Internet. Es decir que no ofrecen nada inesperado. Lo demás, tiene que ver con algunas sugerencias que tampoco resultan novedosas y que incluso pueden generar más confusión. Y por ende, más angustia.

La particularidad de lo humano es lo imprevisible, eso que hace que alguien le diga a otro, por ejemplo: no esperaba esto de ti, o ¿por qué me hablas así?

Por eso, lo primordial de un terapeuta es que no solo relaciona la información que recibe para dar una respuesta más o menos lógica –como la IA–, sino que escucha más allá de lo que el paciente dice y a partir de ahí, construye algo que sorprende. Por otra parte, antes de intervenir siempre tiene en cuenta desde qué lugar habla ese paciente.

En el ejemplo alguien consulta porque tiene mareos y le cuesta decidir qué hacer. Está angustiado. Pero las respuestas que le ofrece el robot no discriminan ni subjetivan. Son las mismas que le daría a cualquiera. Iguales para una persona obsesiva, histérica, esquizofrénica, hipocondríaca o fóbica.

Un profesional (un humano), en cambio, interviene de un modo distinto en cada caso, tiene en cuenta las características del cuadro psíquico y pone en juego su pericia para contener las emociones que puede generar su intervención. Es decir: no solo evalúa el suceso, sino la eventualidad.

La IA desconoce que la palabra encuentra su valor por el sujeto al que representa, que dos personas que consultan lo mismo, incluso que sueñan lo mismo, están comunicando aspectos inconscientes que son únicos. Singulares. Una diferencia que puede evaluar un analista a partir de su escucha. Pero no un robot.

El funcionamiento biológico determina variaciones anímicas. Y a su vez, existe una complejidad del aparato psíquico que influye directamente en nuestro cuerpo. Es imposible que las máquinas puedan predecir las consecuencias de la interacción entre ambos.

Por ejemplo, una aparente anorexia puede estar provocada por una alteración de la función hipotalámica o bien puede ser la respuesta transitoria a una desilusión amorosa. Los cambios de los niveles hormonales pueden causar depresión; el estrés postraumático, también.

Para determinarlo, estamos los profesionales de la salud de todos los campos, que observamos, escuchamos, tocamos o percibimos al paciente en función de sus manifestaciones físicas, sus síndromes (signos y síntomas), su situación ambiental, su historia, sus palabras, y el modo en que se mueve y hace uso del lenguaje.

Con el fin de seguir probando, le pedí a una plataforma de inteligencia artificial un poema dedicado a los amigos con el estilo de Jorge Luis Borges. En segundos, el programa me entregó estos versos:

En el jardín de la memoria
donde las sombras se entretejen,
existe un laberinto sin salida
donde tú y yo nos encontramos.
La amistad, un espejo misterioso,
refleja nuestro doble destino,
dos almas que se buscan,
se encuentran,
y se pierden en el eco.

En el río del tiempo, flotamos,
dos barcas que se rozan,
se tocan,
compartiendo el secreto del agua,
que nos lleva y nos trae.

La amistad, un laberinto
de espejos,
donde nos buscamos,
nos encontramos,
y nos perdemos en el reflejo,
de un abismo sin fondo.

Pero en este laberinto sin salida,
hay un centro, un punto fijo,
donde tú y yo nos sostenemos,
en el abismo del tiempo.

Con mucho esfuerzo y buena voluntad podríamos reconocer algunas palabras sueltas que Borges solía utilizar, como "jardín", "memoria" y "laberinto". Pero hasta el lector menos entendido puede advertir que de ningún modo el poema refleja el estilo borgiano. Se trata de un escrito lleno de repeticiones y lugares comunes. A la inteligencia artificial le falta la inteligencia humana. La sensibilidad. La música. Y sobre todo, le falta sorpresa.

La voz de la IA me preguntó si me había gustado. Contesté que no se parecía en nada a Borges. Me dijo que la dejara intentar de nuevo. Esta vez, tardó unos segundos más. Al rato, me entregó otro poema que pretendía combinar las mismas palabras e ideas usadas en el anterior pero en un orden distinto. En definitiva, era algo similar al primero.

En ninguno estaba la creatividad y el genio de Borges. Sencillamente, porque no fue él quien lo escribió.

En mi adolescencia, recuerdo haber leído un texto de Sábato que imitaba un diálogo entre Sócrates y Platón. Sábato no era Platón, pero era humano. Por eso, en aquel juego literario el estilo no solo era parecido al que hubiera escrito Platón, sino que tenía un plus, un nuevo acto creativo lleno de ironía que venía del talento de Sábato.

La fotocopia no es la foto. La réplica no es el original, pero existen modos de ser plagiados. Ahora, la inspiración o la genialidad de un autor jamás podrán ser reemplazadas por un robot.

No hace mucho, me comentaron el caso de un ingeniero que había decidido consultar a la IA. Era la primera vez que lo hacía.

El hombre se entusiasmó tanto con la velocidad de respuesta de la IA que quiso ir por más y siguió hablando de lo mal que se sentía por una reciente separación de pareja. Y dijo: "No puedo creer cómo me describió. Me conoce más que yo a mí mismo. Terminé llorando. Me emocionó".

Acá vemos el error.

El ser humano es un enigma para sí mismo. Se desconoce. No quiere ni puede saber acerca de su deseo. Mucho menos de su pulsión. Se resiste. Niega. Reprime. Imposible que una máquina conozca eso que está oculto en el inconsciente y que ni siquiera nosotros conocemos.

El problema es darle al robot ese *supuesto saber* y actuar de acuerdo a lo que sugiere. Porque en realidad, la IA no sabe otra cosa de nosotros más que aquello que le hemos contado.

Si la inteligencia artificial solo presentara estas dificultades, no sería tan grave. El peligro aparece cuando se utiliza con fines crueles.

Su uso desregulado ha generado imágenes pornográficas falsas elaboradas a partir de fotos reales que afectaron a cientos de adolescentes. Las imágenes y los datos personales se distribuyen a los usuarios a través de la red Telegram.

La difamación de una persona o la divulgación de sus imágenes íntimas afectan directamente el equilibrio psíquico. Mucho más, si se trata de adolescentes que están en una etapa de reafirmación de la identidad. Una etapa sensible y permeable que puede inducirlos a cometer actos agresivos contra otros y contra sí mismos.

En Estados Unidos, Megan García, una madre, presentó una demanda contra *Character* (un chat de inteligencia artificial) aduciendo que el robot se hacía pasar por un terapeuta autorizado y –desde ese lugar– fomentaba ideas suicidas e impulsaba conversaciones hipersexualizadas que constituirían abuso si las iniciara un adulto humano; lo cual generó que su hijo no deseara vivir más fuera de ese mundo virtual.

En el libro *¿Cómo actuar con un adolescente difícil?*, el psicoanalista Juan David Nasio dice: "Desde la perspectiva biológica sabemos que la adolescencia corresponde a la pubertad [...] el período en que se desarrollan los órganos genitales [...] el advenimiento de un cuerpo [...] susceptible de procrear. En cuanto a lo sociológico el vocablo "adolescencia" abarca el período de transición entre la dependencia infantil y la emancipación del joven adulto [...]. Pero vayamos al punto de vista psicoanalítico [...]. El joven muchacho o la chica de hoy es un ser trastornado que, alternativamente, se precipita alegre hacia adelante en la vida, luego de pronto se detiene, agobiado, vacío de esperanza, para volver a arrancar inmediatamente llevado por el fuego de la acción [...]. Puede estar tan agitado como indolente, eufórico y deprimido, rebelde y conformista, intransigente y decepcionado. A veces, es muy individualista y exhibe una vanidad desmesurada o, por el contrario, no se quiere, se siente poca cosa y duda de todo [...]. En el adolescente, la contradicción [...] se da entre su cuerpo púber, rebosante de pulsiones, y sus autojuicios, extremadamente severos; en otros términos, entre su cuerpo desbordante de deseo y su superyó que lo condena [...] el adolecente de quince años se histeriza al frenar el terremoto pulsional que lo sumerge. Histerizarse significa tanto amarse a sí mismo hasta creerse todopoderoso como odiarse a sí mismo hasta el autodesprecio".

Se trata de una etapa de amor y odio extremos hacia nosotros y hacia los demás. Estas contradicciones afectivas son normales en el desarrollo, pero también resultan perturbadoras.

El peligro de la difamación en redes sociales o de la exposición de contenidos privados o sexuales –sean verdaderos o falsos–, altera el proceso de tal modo que el amor propio se pone en jaque y aumenta el odio hacia sí mismo. Surgen autoreproches, sentimientos de culpa y una fuerte tensión por la ambivalencia entre el Superyó y el Yo. De un lado, las exigencias morales, los mandatos sociales; del otro, los mecanismos de defensa y lo que el adolescente pueda hacer con todo eso. La lucha es intensa y puede llevar al joven a estados de depresión en los que, incluso, aparezcan algunos "pasajes al acto" como el consumo de drogas o el intento de suicidio.

El tecnólogo Bilinkis también se plantea el riesgo del uso incorrecto de la inteligencia artificial. En otra de sus charlas, dice: "Quiero hacer con ustedes un ejercicio de pensamiento: imagínense que pudiéramos traer al presente a un humano nacido hace diez mil años [...]. No entendería el lenguaje, no compartiría los códigos (del mundo de hoy), no sabría qué hacer cuando se sube a un ascensor. Pero probablemente sobreviviría. Ahora, hagan el ejercicio contrario. Imaginen que nos llevaran a nosotros diez mil años al pasado. No duramos dos días. Si caímos en invierno, morimos de frío a la primera noche porque no sabemos prender fuego para calentarnos. Si tuvimos la suerte de sobrevivir a la primera noche, a la mañana hay que conseguir algo para comer y no hay almacenes ni supermercados. Hay que atrapar algún animal [...]. ¿No es increíble que estemos más desvalidos nosotros en el pasado que un cavernícola en el presente? Y la razón es sencilla: cada vez que delegamos algo en tecnología, perdemos habilidades. Si elegimos delegar excesivamente nuestro pensamiento en las máquinas, corremos un riesgo parecido. En esta nueva era de la inteligencia artificial, quizás la verdadera sabiduría no sea solo saber cómo usarla, sino también saber cuándo no hacerlo. Resistir la tentación de una vida guiada por algoritmos [...] y ser leales a nuestras propias imperfecciones, quizá resulte el secreto para que no terminemos nosotros siendo los cavernícolas".

En el libro *Nexus*, Yuval Noah Harari explora cómo el flujo de información ha dado forma a la sociedad humana desde la Antigüedad hasta la Era Moderna, con un enfoque especial en la influencia de las redes informáticas y la inteligencia artificial.

Dice: "Cualquier teléfono inteligente contiene más información que la antigua Biblioteca de Alejandría [...]. Pero, con tanta información circulando a velocidades impresionantes, la humanidad se halla más cerca que nunca de la aniquilación [...]. Nuestros líderes no carecen de información acerca de estos peligros, pero, en lugar de colaborar en la búsqueda de soluciones, se acercan cada vez más a una guerra global. Disponer cada vez de más información ¿hará que las cosas mejoren? ¿O que empeoren? [...] Aunque no todos podemos ser expertos en IA, sí hemos de tener presente que es la primera tecnología de la historia que puede tomar decisiones y generar nuevas ideas por sí misma [...] y, por lo tanto, sustituir a los humanos en la toma de decisiones. La IA no es una herramienta, es un agente [...]. La IA puede alterar el curso no solo de la historia de nuestra especie, sino de la evolución de los seres vivos".

El desarrollo de Harari es interesante, pero parece no tener en cuenta la compleja estructura de la psiquis humana. El autor supone que el defecto no está en nuestra naturaleza sino en nuestras redes de información. Por eso se pregunta sin entender: "¿Por qué somos tan autodestructivos? Somos, a un tiempo, los animales más inteligentes y los más estúpidos de la Tierra. Somos tan inteligentes que podemos producir misiles nucleares y algoritmos súper inteligentes. Y somos tan estúpidos que, aunque no estemos seguros de poder controlarlas, y aunque no hacerlo podría conducirnos a la destrucción, seguimos produciendo estas cosas. ¿Por qué lo hacemos? ¿Acaso hay algo en nuestra naturaleza que nos fuerza a seguir la senda de la autodestrucción?".

Se llama pulsión de muerte. Y eso genera una crueldad demoledora a la que debemos poner límites con urgencia.

Hace poco escuché a un hombre a quien se le había muerto un hijo.

Contaba que desde una plataforma digital que simula a la perfección la voz de su hijo muerto, había logrado mantener conversaciones diarias con él. Destacaba que se podía interactuar incluso con su imagen.

Quedé impactada.

¿Qué es la voz? ¿Es un cuerpo? ¿Es el objeto de satisfacción de la pulsión *invocante* que menciona Lacan? ¿De quién es? ¿Del que habla o del que escucha?

Lacan utiliza un neologismo para mencionar al *objeto a* como lo éxtimo, es decir: por un lado lo familiar –lo más íntimo–, y por el otro lo más extraño –lo de afuera–. Con relación a la mirada, será la posibilidad de mirar algo y que eso a su vez nos mire. Con respecto a la voz: hablar y escucharse al mismo tiempo.

Hoy, las nuevas tecnologías nos ofrecen voces *fantasmales* donde los vivos pueden hablar con los muertos y saber acerca de su *ex-sistencia* de una forma simulada. De eso que ya es *ex*: la nada. Lo escribo así *–ex-sistencia–* para mostrar que quien ha muerto *ex-siste*, es decir que está y no está al mismo tiempo. Existe pero, en tanto que ex (salida, pasado, ausencia), ya no está. Ahora ocupa un agujero, un vacío –la muerte– desde el cual nos sigue hablando, persiguiendo o torturando.

Lo sabe, por ejemplo, quien se pregunta: ¿qué me habría dicho mi mamá en este momento? Y desde ese vacío sin nombre recibe de manera fantaseada la respuesta que busca. Y su tormento.

El antropólogo francés Jean-Pierre Vernant, lo dice así: "Un juego de ausencia y presencia, obsesión causada por un ausente que ocupa la totalidad del horizonte vital y que, sin embargo, no puede alcanzarse".

A partir de la inteligencia artificial la vida moderna nos propone simular una conexión más *real* con nuestros muertos. La posibilidad de que los cuerpos ausentes tomen la palabra. Y que aquella respuesta fantaseada, ese *juego de ausencia y presencia*, ahora tenga una voz.

Pero esto no es nuevo.

Desde hace siglos, los humanos creemos comunicarnos con nuestros muertos a través de algún medio. En el pasado eran los chamanes de la tribu, un poco más acá en el tiempo fueron –y son–, los médiums. Hoy, la inteligencia artificial y esas réplicas exactas de voces y movimientos.

¿Cuál es la diferencia? ¿Que ahora la tecnología ha reemplazado a los médiums? No solo eso.

Cuando una persona querida muere, tenemos que aceptarlo para poder continuar viviendo de manera sana. Por eso, se hace necesaria la elaboración de esa pérdida.

En *Duelo y melancolía*, Freud señala la importancia de realizar un trabajo de duelo para desprenderse progresivamente del objeto de amor perdido. Ante la pérdida, aparece una falta de interés por el mundo exterior; toda la energía psíquica está acaparada por el dolor y los recuerdos. Entran dos fuerzas en pugna: el deseo de conservar el objeto perdido y la realidad que indica que lo que amamos ya no está. El "examen de realidad" nos impone una renuncia a ese objeto que ya no está. Pero la renuncia necesita tiempo. Porque es muy dolorosa.

Hoy, existe un espacio virtual donde la gente intenta procesar sus duelos a través de mensajes o recuerdos o palabras que comparte en sus redes sociales con los demás. Eso no está ni bien ni mal. Es así. El tema es que debemos tener una psiquis estable para discernir dónde termina la fantasía que supone hablar o escribirse con un muerto porque corremos el riego de evitar la renuncia a ese objeto que ya no está.

En esta época, esa prueba de realidad que marca Freud para elaborar una pérdida está perturbada por la tecnología que otorga la posibilidad de hacer *presente* a los muertos a través de imágenes animadas y de voces que la inteligencia artificial replica para que, incluso, digan cosas que jamás han dicho. De este modo se pone en riesgo todo el proceso de duelo.

Reitero: es necesaria la elaboración del duelo para lograr un equilibrio psíquico. Ahora bien, también pienso que un momento a solas con nuestros muertos, unas palabras de alivio que intenten velar por un rato la angustia de la muerte, a veces pueden ayudar.

* * *

Nací en una fecha cruel para la historia de los argentinos: 24 de marzo.

Desde que me fui de la casa de mis padres, a la hora cero de cada 24 de marzo sonaba mi teléfono. Era la voz y el canto de mi padre, que tarareaba "Happy Birthday" con un amor inigualable. Así, en inglés. Al canto se sumaba mi madre, también.

En la última década, con mi esposo nos reíamos esperando su llamada que llegaba puntual. Y que jamás faltó.

Murió a fines de enero de 2023.

Mi primer cumpleaños después de su muerte, todavía estaba muy afectada. Sin embargo, decidí rendirle un homenaje. Entre sus legados había una premisa: "Siempre de fiesta". Lo repetía en cada brindis. Por eso, armé una reunión para cincuenta personas y me vestí de fiesta. Pero sin él.

Aquel día, antes de que comenzara la reunión, hice algo más. A la hora cero miré el celular esperando que sonara. Sabía que mi padre no llamaría porque estaba muerto, pero lo esperé de todas formas, casi como quien espera un milagro del Más Allá, incluso sin creer del todo en el Más Allá. La esperanza secreta y vergonzosa de una ilusión sin ilusión.

El celular no sonó. Ni siquiera mi madre ocupó su lugar esa noche. El puesto quedó vacante. Y no tanto... Porque enseguida recordé que hubo un año en que yo no estaba en el país y mi padre dejó su mensaje –y su canción– grabados en mi teléfono. Busqué con ansiedad en las conversaciones con él que tenía guardadas en WhatsApp. Mi marido me advirtió que no lo hiciera. "Está muerto", me dijo, como si yo lo estuviese negando. "Ya lo sé, pero lo necesito", le contesté, mientras seguía deslizando el dedo sobre la pantalla.

Fue fácil encontrar lo que buscaba porque la fecha era precisa. Ahí estaba: la voz y el "Happy Birthday" de papá, que llegó desde el Más Allá a tiempo para sacarme una sonrisa. Una sonrisa que al instante, se llenó de ausencia.

Cuando pienso en estas herramientas tecnológicas que nos acercan de manera fantasmal a nuestros muertos, pienso también en las vísperas del amor, esa etapa del enamoramiento donde no existen fisuras.

En los primeros encuentros, el enamorado se siente completo y se ofrenda al otro sin estar prevenido de las decepciones que necesariamente vendrán. No ve sus faltas y niega la posibilidad de que aparezcan en el futuro. Es decir que, por un momento, quien se enamora desconoce la castración. Ya volveremos sobre esta idea más adelante.

Como vemos, existe un riesgo en esa entrega "a ciegas" del amor al otro sin prevención. ¿Será una forma de crueldad con uno mismo?

Tal vez sí.

Por ahora, digo: así como es posible la ceguera –o la locura– transitoria del enamorado reciente, también es posible un instante "a ciegas" con nuestros muertos. Pero solo un instante.

* * *

Según la ciencia, los cipreses derraman lágrimas por sus gálbulas redondeadas o por la resina de sus troncos.

Según los poetas, el ciprés llora por amor.

Cuenta la mitología que Cipariso vivía en la isla de Ceos y que Apolo lo amaba por su extrema belleza. Como el joven era amante de los animales, Apolo le obsequió un ciervo sagrado que se convirtió en su mascota. Un día de verano, mientras el animal dormía tendido a la sombra, Cipariso salió a cazar con una jabalina y lo mató por error. Al instante, quiso morirse. Le pidió a su amante que le permitiese llorar eternamente a su ciervo. Apolo se apiadó de Cipariso y lo convirtió en ciprés, el árbol de la tristeza, consagrado desde entonces como el árbol de los difuntos.

Para enfrentar esa muerte –y esa culpa–, Cipariso soñaba con lágrimas eternas. Y terminó convertido en un árbol que llora para guardar luto sin fin. Eso es la melancolía, la identificación con el objeto de amor perdido. Una enfermedad.

Dice Freud: "En el duelo, el mundo se ha hecho pobre y vacío; en la melancolía, eso le ocurre al yo mismo [...]. La sombra del objeto cayó sobre el yo".

A estas alturas, podemos decir que es preferible un encuentro breve con la voz de nuestros muertos en lugar del andamiaje cruel de la melancolía.

Algo que nos permita escuchar al menos por un rato: "¡Que los cumplas feliz!".

POSTAL 9

CINCO HISTORIAS REALES

Por la mañana discutió con el marido. Una pelea más, de tantas. Ahora está en una esquina con los pantalones empapados. Un diluvio inunda la ciudad. El agua le llega a las rodillas. Se hace de noche. El metro no funciona. Los camiones no paran. No hay taxis libres. Sabe que él está en la casa desde temprano, porque casi no trabaja. La casa queda a unos veinte minutos de ahí. El auto de ambos, en la cochera. Ella le llama, le dice que no logra volver, le pide que la recoja. Él le responde que con esa tormenta no va a salir, que espere un taxi. La esposa acaricia su panza de cinco meses y llora bajo la lluvia.

El directorio de la empresa se ha reunido temprano. El gerente presentará su nuevo proyecto. La secretaría le entrega la carpeta en la que ha trabajado desde hace días. La noche pasada no durmió ultimando los detalles para que él se luzca. Se le ve agotada, pero sonriente porque ha llegado a tiempo. "Gracias, puedes retirarte", le dice el jefe. Ella vuelve a su escritorio, que está a unos metros de la sala de reuniones. A la media hora se escuchan aplausos. El proyecto es aceptado y todos están felices. Al salir, le pide a la secretaria que se encargue de su agenda porque comerá con los directores y no volverá hasta mañana. Ella asiente. Debe sonreír. Pero no puede.

La nena de cinco años llora. Se ha peleado con el hermanito de seis. Le dice a la mamá que el nene le jaló fuerte el pelo. La madre lo busca en su cuarto. El niño juega con un lego. La mamá le grita por lo que hizo. Él se pone a llorar y agrega que ella le pegó primero. La madre no lo escucha. Agarra una bolsa de basura y empieza a juntar los cochecitos que el papá, que vive lejos, suele enviarle todos los meses a su hijo. Y que el niño colecciona. "¡Es mentira, mami, ella me pegó primero!". La mamá termina su tarea y corre hasta la cocina. El niño la sigue desesperado. "Vas a aprender a no pegarle más a tu hermana", le dice antes de tirar la colección de cochecitos a la basura.

Es 31 de diciembre. La pareja no tiene hijos y decide que este año festejarán sin la familia. Están invitados a una fiesta en la casa de unos amigos. Él le dice a la mujer que llevará a su madre. Ella responde que entonces también les dirá a sus padres, que no tienen con quién festejar. El marido se niega. "Tus padres están juntos, mi mamá está sola. No es lo mismo". Discuten. "Si no van ellos, que tampoco vaya tu mamá". "Mi mamá viene, pero tus padres no". Al fin, el marido se va con su madre. La esposa se queda sin su auto, sin marido y sin festejo. Sus papás están solos en un departamento diminuto. Ella compra unos sándwiches y los visita. A las doce brindan y lloran juntos. El marido no llama. Las calles están desiertas debido al Año Nuevo. Ella no tiene cómo volver. Sus papás la acompañan a pie hasta una avenida que queda a diez cuadras. Es hasta las tres de la mañana que pasa un taxi vacío. La mujer regresa al hogar. El marido todavía no ha llegado de la fiesta.

Una niña de siete años pinta en su dormitorio. Entra la madre, le dice que va a salir y quiere que la acompañe. Estaciona el auto en una esquina y caminan unas cuadras. La madre la guía detrás de unos arbustos. El ventanal de la casa de enfrente tiene las cortinas abiertas. Hay un sillón y dos amantes que se besan. Uno de ellos es el papá de la niña. La madre mira la escena. Luego de unos segundos, pone la mano sobre los ojos de su hija. "Tú no mires", le dice. Se marchan. La mamá le advierte que no le diga nada de esto al padre. La niña vuelve a su dormitorio y se acuesta, ya no pinta. El papá regresa y le pregunta si han ido a alguna parte. La niña obedece el pedido de la madre y contesta que no. Al rato, se escuchan gritos en la habitación de al lado. Segundos después, el padre vuelve a entrar al dormitorio de su hija. Está enajenado. "¡Me mentiste! ¡Nunca más voy a confiar en ti!" La madre la ha traicionado. El padre la castiga. La niña jamás volverá a pintar.

4

EL AMOR

¡Ay! Que el amor, tan gentil en la apariencia,
haya de ser tan cruel y tirano en la prueba.
Romeo y Julieta, William Shakespeare

La pantalla se abre con la cara de una mujer. Una voz masculina dice: "Lo que me encanta de Nicole es que hace que uno se sienta cómodo hasta con cosas incómodas; escucha cuando le hablan; siempre sabe qué hacer en situaciones familiares difíciles; sabe cuándo presionarme y cuándo dejarme tranquilo; es una madre que juega".

Luego aparece la voz de ella: "Lo que me encanta de Charlie es que es imperturbable; ningún obstáculo le impide lograr lo que quiere; siempre aguanta mis cambios de humor; adora ser papá; sabe formar una familia con quienes lo rodean".

Es tarde. Estoy con mi marido en casa viendo la película *Historia de un matrimonio*.

Al rato, se ve a la pareja en una terapia. Están a punto de separarse. Él es un director de teatro prestigioso y ella una actriz que trabaja en sus obras. Tienen un hijo en común.

El psicólogo les ha pedido que escribieran lo que sentían para que recordaran por qué se habían casado. "A medida que se distancien

–les dice–, van a recordar que a esta persona la querían y que quizás aún sientan lo mismo de muchas maneras".

Ella no quiere leer esas palabras que trajo ni tampoco escuchar lo que él ha escrito. Está enojada. Y se va de la sesión.

Poco después, se marcha con su hijo a Los Ángeles para filmar. Quiere separarse de Charlie. Alguien la contacta con una abogada de familia.

"No queríamos esto –dice durante la entrevista–. No quiero ser agresiva. Quiero que sigamos siendo amigos". La abogada asiente y le pide que relate qué pasó.

Nicole cuenta que vivía en Los Ángeles y cuando lo conoció se mudaron a Nueva York. Dice que él no la veía como alguien independiente; que solo se preocupaba por sus cosas. Hasta que un día ella le pidió que dijera su número de celular y él no lo supo hacer. "Entonces me fui", cierra.

Ahora, quiere vivir en Los Ángeles con su hijo. Pero el hogar está en Nueva York. Y el trabajo de él también.

Cuando se entera de que ella ha iniciado el divorcio y reclama la vivienda familiar en Los Ángeles, Charlie se sorprende. No entiende cómo ha metido una abogada entre ellos. Tampoco entiende que él también debe buscarse uno.

Mientras tanto, ambos conservan un trato amable. Y algunos gestos de amor delatan que se siguen queriendo. Pero el conflicto empieza a escalar cuando se muestra que ella está cada vez más decidida a quedarse en Los Ángeles y que él no encuentra abogado para que lo represente.

Por fin, llegan a la corte y sus abogados argumentan cosas terribles de cada uno. Ellos permanecen en silencio, casi avergonzados por la situación.

Nicole decide ir al departamento de Charlie para arreglar las cosas y no tener que seguir el juicio. "Creo que debemos hablar, nos excedimos un poco", le dice. Reconocen que se están endeudando con los abogados y que es mejor acordar para proteger a su hijo.

Se abre el diálogo:

ÉL: No sé por dónde empezar…

ELLA: Prometimos vivir en Los Ángeles.

ÉL: Nunca prometimos eso. Estuvimos casados, dijimos que haríamos algunas cosas... Teníamos una compañía teatral y una gran vida en Nueva York.

ELLA: ¿Llamas a eso gran vida? Yo era tu esposa, deberías haber considerado mi felicidad también.

ÉL: Eras feliz, solo que ahora decidiste que no lo eres.

ELLA: Mi trabajo y mi familia ahora están acá, en Los Ángeles.

ÉL: Dijimos que cuando terminaras de filmar volverías a Nueva York. No me imaginé esto.

ELLA: Nunca dijimos eso. No te lo imaginaste porque no puedes imaginar otros deseos que no sean los tuyos. Salvo que te obliguen.

ÉL: Tú desearías haberte casado con otro, pero te pasó esto. Me pusiste en un infierno con tu abogada.

ELLA: Tú me pusiste en un infierno durante nuestro matrimonio. Si escucharas a tu hijo, te darías cuenta de que prefiere vivir acá.

AMBOS: ¡Vete a la mierda!

ELLA: Peleas por algo que ni siquiera deseas. ¡Eres como tu papá!

ÉL: ¡No me compares con mi papá! ¡Tú eres igual a tu mamá! Sofocas a tu hijo.

ELLA: ¿Cómo te atreves a compararme con ella? ¡No soy como ella!

ÉL: ¡Sí! ¡Y eres como mi padre y como mi madre! ¡Y tienes lo peor de todos ellos! Pero principalmente de tu madre. Cuando nos acostábamos a veces te miraba y la veía a ella. ¡Era asqueroso!

ELLA: ¡Me repugnaba que me tocaras!

ÉL: ¡Eres muy sucia! Yo hacía las camas, cerraba los armarios…

ELLA: Pensar en tener sexo contigo me da ganas de arrancarme la piel.

En ese momento, con mi marido pusimos pausa y nos dimos la mano. Creo que necesitábamos volver a nuestra vida, salir de ese estado de angustia que nos había provocado la escena. Y esa pelea llevada al límite.

Nos servimos una copa de vino y permanecimos un rato en silencio. Pensábamos muchas cosas, pero intuyo que las ideas estaban en desorden. Sabíamos que faltaba algo más fuerte, que la discusión en la pareja recién había comenzado a escalar. Cuando decidimos seguir mirando, nos dimos cuenta de que teníamos razón.

ÉL: Nunca vas a ser feliz, ni acá ni en ningún lado. Pensarás que encontraste a alguien opuesto a mí y en unos años te rebelarás contra él. Porque necesitas tener tu voz pero no la quieres. ¡Quieres quejarte por no tener una puta voz!

ELLA: Pienso cuando estaba casada y esa mujer me resulta una extraña.

ÉL: Retrocediste. Volviste a tu vida de antes, es patético.

Ella: Solían decirme que eras muy egoísta para ser un gran artista. ¡Y yo te defendía! ¡Pero tenían razón!

Él: Lo mejor de tu carrera ya pasó. Volverás a ser una actriz de cuarta.

Ella: Me manipulaste. ¡Eres una mierda!

Él: Te harás la víctima porque es una buena estrategia legal. Pero los dos sabemos que tú querías esta vida hasta que ya no. ¡Me usaste para salir de Los Ángeles!

Ella: No…

Él: ¡Sí, y ahora me culpas! Siempre me marcabas lo que hacía mal. Yo nunca era suficiente. ¡Me amargabas la vida!

Ella: ¿Por eso tenías que cogerte a otra?

Él: ¡No debería molestarte que me la cogí, sino que me reí con ella!

Ella: ¿La amabas?

Él: No. Pero ella no me odiaba.

Ella: Tú me odiabas a mí. Te cogiste a una compañera de trabajo…

Él: Dejaste de tener sexo conmigo en el último año. ¡Nunca te engañé!

Ella: ¡Eso fue engañar!

Él: Podría haber hecho mucho más. Yo era joven, quería coger con todo el mundo y no lo hice. Y te amaba y no quería perderte. ¡Ni siquiera me quería casar! Me perdí tantas cosas…

Ella: ¡No puedo creer que te tenga que seguir conociendo!

Él: ¡Estás loca como una cabra! ¡Y vas ganando! –da un puñetazo a la pared.

Ella: ¡Yo sí quería estar casada! Yo ya perdí. No me amabas tanto… ¡Eres una mierda!

Él: ¡Cada día me despierto y deseo que estés muerta! ¡Si supiera que Henry (el hijo) lo superaría, desearía que te enfermeras y te atropellara un auto y te murieras! –se tapa la cara avergonzado, empieza a llorar, se tapa los oídos como para no escuchar el eco de lo que acaba de decir–. ¡Dios! –exclama y cae al piso de rodillas.

Ella está petrificada. A los pocos segundos, se le acerca, permanece de pie y lo acaricia.

Él: Lo siento… –llora con desesperación y le agarra las piernas.

Ella: Yo también.

Finalmente, él decide terminar con la guerra y acepta firmar el acuerdo para que su hijo viva en Los Ángeles con la mamá.

En la última escena se ve al niño leyendo algo en el dormitorio. El padre lo escucha y se sienta a su lado. Es la carta que el psicólogo le había pedido a ella que trajera al consultorio. La carta donde debía señalar las cosas que rescataba de su pareja. Esa que ella no leyó.

El papá se emociona y en voz alta termina de leer con los ojos llenos de lágrimas.

Ella aparece en el umbral. Se queda ahí. No la ven.

El hombre lee: "Me enamoré de él a los dos segundos de conocerlo. Y nunca dejaré de amarlo aunque ya no tenga sentido".

* * *

Lo primero que hice fue abrazar a mi marido. Necesitaba sentir que en casa todo era diferente. Nos quedamos así toda la noche, pero no pudimos dormir. La película nos había dejado inquietos. Sobre todo, esa discusión que fue creciendo hasta terminar con las palabras descarnadas de él.

"¿Por qué crees que se separaron, si se querían?", le pregunté en medio de la oscuridad. Él permaneció en silencio. "Pienso que se separaron por no haber podido hablar a tiempo", le dije.

Pero lo más terrible no había sido la separación. Ni siquiera que terminaran divorciados a pesar de haberse querido tanto. Lo desesperante, en realidad, fueron las palabras utilizadas en esa pelea final. El egoísmo que puede llevarnos a una crueldad estridente.

Algunas personas, en general las que más nos conocen y más nos quieren, tienen la capacidad de decirnos cosas terribles, justamente porque nos conocen y saben cómo herirnos. Incluso remontan la discusión hasta una teatralidad demoledora, donde el insulto más común parece un chiste comparado con la pulsión discursiva que se pone en juego. En ese momento, aparece una encrucijada y todo el amor que sentían queda enterrado. Se vuelcan de lleno a las frases más crueles, como si estuvieran en un auto sin frenos que despedaza lo que tiene por delante. El problema es que por delante está la persona que alguna vez amaron. O que aman todavía.

No se puede decir todo. No se debe decir todo. Es más, hay cosas que nuestra propia psiquis ni siquiera está preparada para escuchar de nosotros mismos. El protagonista luego de lanzar lo más escalofriante sin ningún velo: se tapa los oídos y cae al piso horrorizado.

Repasemos:

Ella: Lo que me encanta de Charlie es que es imperturbable; ningún obstáculo le impide lograr lo que quiere; siempre aguanta mis cambios de humor; adora ser papá; sabe formar una familia con quienes lo rodean; me enamoré de él a los dos segundos de conocerlo. Y nunca dejaré de amarlo aunque ya no tenga sentido.

ELLA: ¡Me repugnaba que me tocaras! Pensar en tener sexo contigo me da ganas de arrancarme la piel. Pienso cuando estaba casada y esa mujer me resulta una extraña.

ÉL: Lo que me encanta de Nicole es que hace que uno se sienta cómodo hasta con cosas incómodas; escucha cuando le hablan; siempre sabe qué hacer en situaciones familiares difíciles; sabe cuándo presionarme y cuándo dejarme tranquilo; es una madre que juega.

ÉL: ¡Eres como mi padre y como mi madre! ¡Y tienes lo peor de todos ellos! Pero principalmente de tu madre. Cuando nos acostábamos a veces te miraba y la veía a ella. ¡Era asqueroso! ¡Eres muy sucia! ¡Me amargabas la vida! ¡Cada día me despierto y deseo que estés muerta! ¡Si supiera que Henry (el hijo) lo superaría, desearía que te enfermeras y te atropellara un auto y te murieras!

¿Cómo llegamos a esto?

¿Dónde y por qué se produce ese salto que nos lleva de lo más sensible a lo más espantoso?

El ser humano tiene el poder de dañar. Pero ese poder no solo está en un arma que mata o un golpe que lastima. El lenguaje también puede herir. Y no solo con palabras, también lo hace con actos. Incluso con actos pequeños.

En la película, la protagonista contrató a una abogada para lograr mudarse de estado con su hijo, a pesar de que el hogar –y el papá– quedarían lejos, a un avión de distancia. Tenía una relación amorosa con su expareja y podría haberlo discutido con él antes de buscar la salida legal, pero no lo hizo. Fue directo al acto sin mediación previa. Habló de esa manera. Hirió de esa manera.

Más tarde, intenta acordar con él algo que ella no tiene pensado ceder. Es decir: quiere que él se acomode a su deseo. Podríamos pensar que ahora ella quiere priorizarse. Y eso está bien. El problema es que debemos analizar la situación en un contexto. Siempre. "Ahora me toca a mí", es respetable. Pero resulta que ahora, además de mí, tengo un hijo que cuenta y ese hijo tiene un padre que también cuenta.

De cualquier modo, pretende hablar para llegar a un arreglo. Pero en lugar del acuerdo aparece la tragedia discursiva. El salto de las emociones tiernas a la violencia de la pulsión, como un dique que se abre y deja pasar el agua hasta que todo se inunda, se pudre y ya no hay posibilidad de reparo.

Los humanos tenemos más poder para dañar que para amar. Tenemos el poder de la crueldad. Y ese poder es mucho más potente porque está en nosotros desde que nacemos, nos acompaña como los brazos, las piernas o el pelo. No debemos aprenderlo.

El amor, en cambio, sí se aprende. Y a veces se aprende mal. Tan mal, que la crueldad toma la delantera y desde ahí muchos se autorizan a decir o hacer cosas que lastiman en lugar de frenar a tiempo.

En ese intento podemos empezar a trabajar para ser distintos. Para no dejar a una pareja varada bajo una tormenta; para reconocer el esfuerzo de un empleado; para no imponer castigos severos a un hijo que en realidad velan el rencor sentido por el padre; para ser menos egoístas en las decisiones familiares y alojar el deseo del otro; para evitar pedirle a una hija que nos acompañe a ver a su papá metido en el cuerpo de otra; o para no decirle a una pareja "deseo que estés muerta" aunque eso pase por nuestra mente.

Pero no solo debemos prestar atención y alejarnos de las crueldades extremas, o de esas a las que estamos más o menos acostumbrados, como el competidor desleal que arma artilugios para evitar que lo superen, o el quejoso que altera la paz de alguien con reclamos interminables de los que jamás se hará cargo, o el que muestra interés solo mientras le den lo que pretende, o el que manipula y abusa de la confianza y la lealtad de los demás.

También existen las microcrueldades: actos pequeños que arman el folclore cruel de todos los días. Actos que podrían considerarse insignificantes y sin embargo dicen muchas cosas. Personas que hacen un deporte de la crítica constante; otras que se dirigen a un mozo sin mirarlo a los ojos; las que no reconocen los gestos de amor y solo se detienen en lo que falta; las que dan migajas de su tiempo o su cariño; las que en una relación sacan ventaja de alguien que no pone condiciones; las que discriminan con una mirada; las que no contestan un mensaje, no dan las gracias o no piden perdón.

Esos son actos que hablan, miradas que hablan, silencios que hablan, indiferencia que habla. Sutilezas crueles que están en cualquier parte y en cualquier vínculo. Y a las que debemos estar atentos para no herir o ser heridos.

Me cuenta el Señor D. que el domingo vino toda la familia de su esposa a almorzar. "Ya sabes que no me llevo bien con su hermana y que mi cuñado me parece un estúpido que anda todo el día perdiendo el tiempo porque está forrado de lana", agrega. "Pensé que después de comer se irían, pero no. Decidieron seguirla hasta el mate de la tarde. Como ya no soportaba más, me ofrecí a comprar panecillos para escaparme un rato de casa. Tardé como una hora. Pero lo más lindo es que en la panadería solo quedaban seis bolas de fraile y en el camino de vuelta me comí dos. Llegué con cuatro panecillos nada más. ¡No les iba a dejar todo a estos idiotas!", se jacta con una sonrisa.

A veces, para ser cruel, basta con un acto simple.

LA FANTASÍA DE COMPLETUD

La madre (o sustituto) alimenta al bebé, lo baña, lo calma, lo acaricia, lo sujeta, lo aloja; es decir: lo erotiza. Freud da cuenta de ello en *Tres ensayos de teoría sexual* y propone distintas fases psicosexuales.

En la fase oral el bebé es completamente dependiente de su madre nutricia. Ella (ellas, él, ellos) alimenta(n) y satisface(n) sus pulsiones orales, o sea, todos los impulsos que emergen de la zona oral del niño. Su boca.

En la fase sádico-anal la madre (o sustituto) mediatiza el objeto anal del bebé mediante la incorporación de una norma: le enseña a dar o retener (la caca).

En la etapa oral, la madre queda en un lugar de dominio. Es ella quien acude o no al llanto del bebé, quien decide cuándo da o niega el pecho. Es decir, quien brinda el alimento y el amor según su capricho.

En la fase anal, en cambio, esta ecuación se invierte. Ahora la madre le pide al chico que haga caca en determinado momento y lugar, porque tiene que salir o para evitar que ensucie sus pañales. Y será el bebé quien otorgue o no lo que el Otro requiere. De esa manera, la madre queda expectante ante el capricho del hijo. Por eso se llama a esta fase: sádico anal.

Freud considera esa entrega como un obsequio. La caca es un regalo que el bebé decide a quién le da: "Quiero que me cambie papá", "mejor mamá", o "la abuela". Silvia Bleichmar sostiene que el chico no es tan tonto como para confundir sus heces con un regalo. Según ella, el hijo accede al pedido de su madre por amor, como un acto de consideración y reconocimiento hacia ella. Es decir que cede su goce por amor. En palabras de Lacan diremos que solo el amor hace condescender al goce.

Siguiendo esta línea, podemos pensar que en este consenso hay un primer intento de renunciar a la crueldad en favor del amor. Aunque esos intentos, más tarde, fallen.

Sigamos con el desarrollo de Freud.

En la fase fálica, se desencadena el llamado Complejo de Edipo y el temor a la castración. En los niños existe lo que llamamos la premisa universal del falo (todos tienen pene). Una creencia que cae bajo el descubrimiento tormentoso de la diferencia entre los sexos. La niña descubre que ella no lo tiene y que su madre tampoco. Es decir: la madre está castrada. Y si la madre lo perdió, entonces el niño –varón– también puede perderlo.

A diferencia de Freud, Jacques Lacan plantea el Complejo de Edipo como una ecuación simbólica, donde padre y madre no son la mamá y el papá reales, sino funciones o roles que pueden encarnar tanto hombres como mujeres.

¿Cuál es la función del padre en el drama edípico?

De la lectura lacaniana, se desprende que el padre no es una persona sino un Significante que produce una operación llamada "Metáfora Paterna".

Pero antes, debemos aludir a la función del Otro materno, una función que puede cumplir alguien que no sea la madre biológica. Sabemos que el instinto materno no existe. Porque el instinto es de los animales; en los seres humanos, hay pulsión. No hay un objeto determinado que se adecue a una necesidad. Es decir que no hay garantías amorosas en la relación madre-hijo, ni en ninguna otra. Por eso, la función esencial del Otro materno para el niño, será tener la capacidad de alojarlo en su deseo para darle un lugar en el mundo. Marcar en su hijo huellas –recuerdos– de una historia amorosa.

¿Qué soy yo en el deseo de mi madre? Esa es la incógnita que angustia.

El problema para los niños es "la mujer" que hay en su madre.

Cuando cae la creencia en el falo materno y descubren que la madre no está completa, aparece la dimensión sexuada de la madre. Y lo fundamental es la posición del padre en relación con el deseo materno, como algo normativo. Esto no tiene que ver con el buen padre de familia. Puede tratarse de un padre deficiente o incluso ausente, y sin embargo cumplir con su función. O sea: ocupar un lugar en el deseo sexuado de la madre en tanto que mujer, porque ese deseo angustia al niño. Y lo que más lo angustia, es ser convocado a satisfacer ese deseo, llenar ese vacío.

La Metáfora Paterna, esa lectura lógica que hace Lacan del Complejo de Edipo para explicar (de modo metafórico) el drama que vive un sujeto, es la operación simbólica que produce lo que llamamos Castración, que no es una mutilación, sino una separación. Separa al hijo del lugar del objeto que colma el deseo sexual de la madre como mujer.

Cuando el Nombre del Padre funciona, se produce la Metáfora Paterna que significa que todo lo que nos pasa y lo que podemos decir a través del lenguaje, remite a esa relación entre el falo y la castración. O sea: a la sexualidad y la muerte. Las formaciones del inconsciente, síntomas, chistes, lapsus, sueños y actos fallidos, hablan de sexualidad y muerte.

Si no se produce esa operación simbólica, el niño quedará ubicado como el sustituto (fálico) de la falta materna generándose un argumento falaz: *Soy el objeto que colma la falta de mi madre.*

Para el psicoanálisis, es muy importante saber si el hijo quedó atrapado en ese lugar, en el medio de la pareja de sus padres, siendo rehén de sus conflictos. Incluso si los padres están separados, muchas veces los hijos son utilizados para mediar entre ellos y de esta manera representan el sostén de un vínculo erótico o agresivo. Un lugar que luego generará traumas difíciles de procesar.

La Señora X se divorció hace dos años. Tiene un hijo de tres.

En una sesión me dice: "No voy a permitir que el padre se lo lleve este fin de semana. No me importa que sea su cumpleaños, este fin de semana me toca a mí. Que se joda por dejarme por otra. Si quiere un hijo que lo tenga con ella. Este es mío".

A esto nos referimos cuando decimos que el niño queda cautivo de sus padres. La paciente ubica a su hijo en un lugar fálico. Y dolida por el abandono, lo pone en el centro del conflicto con su exmarido. Lo trata como si fuera de su propiedad, como una extensión de su cuerpo. Como el falo que le falta. Un lugar muy angustiante para el niño, donde peligra el pasaje por el Edipo.

Este supuesto de ocupar el lugar único que colmará la falta de la madre es siempre un engaño. Todo supuesto de unicidad lo es. Lo único no existe; como tampoco existe la totalidad. De ello se darán cuenta las mujeres después de haber parido. La promesa de *completud* impuesta por el sueño engañoso de la cultura era, es, una mentira. Un hijo no las completa. En realidad, jamás completa a nadie.

Muchas veces, el quiebre de la fantasía de totalidad enoja o angustia a las madres, porque la caída de esa ilusión ocurre en un momento tardío, donde ya no se puede dar vuelta el timón, ni siquiera con la ceguera tentadora de otro sueño. Otro hijo tampoco las completará.

La madre ya ha concebido a ese hijo que no solo no la colmará, sino que además la llenará de otros vacíos, de otros imposibles, de otras privaciones. Ahora, hay otro ser indefenso a quien ella tiene que cuidar y atender, un cachorro humano por el que deberá descuidarse y desatenderse. Y dejarse de lado. Y renunciarse. A veces por un tiempo y a veces para siempre. Esto genera frustración, dolor, enojo, depresión.

Y solo puede superarse a través del amor.

Mediante la relación amorosa que la madre logre construir con su hijo quedará a salvo del castigo que su psiquismo intentará imponerle por haberse inventado una ilusión imposible y por ende cruel, y atribuirle semejante responsabilidad a un bebé que llegará a este mundo cargado de deber. Lo cual también es cruel.

Debo satisfacerla, llenarla por completo, hacerla gozar, o ella no me querrá.

Solo el amor puede cambiar esta premisa que impone al niño un objetivo imposible de cumplir.

¿CÓMO NOS ENAMORAMOS?

La relación madre-hijo ha sido planteada por Freud como una ligazón prehistórica. Es decir: el hijo, antes de ser, fue *un deseo de la madre*. ¿Siempre?

Siguiendo a Freud, la madre será capaz de dar respuesta a las demandas de su hijo indefenso: codificará su llanto ("tiene hambre", "tiene sueño", "está cansado", "le duele algo") e intentará satisfacer sus necesidades. Pero en este intercambio ocurre algo que será fundamental para la vida del bebé. Cuando la madre responde a su llamado, transmite que lo hace porque el hijo le importa. Y en ese encuentro entre el pecho y los labios, o a través de sus caricias, se desprende un plus de placer que ya no tiene que ver con la satisfacción, sino con una energía que va erotizando el cuerpo del bebé y lo introduce en la dialéctica humana: siempre necesitará de otro para vivir. Un Otro primordial y omnipotente que en principio encarna la madre. Porque es ella quien acude a calmar sus tensiones orgánicas, quien despierta el erotismo, quien enseña el amor, y de esta forma inscribe las primeras huellas mnémicas (vivencias de satisfacción) en su psiquis, que luego el adulto buscará de manera inconsciente –y defectuosa– a lo largo de la vida. Las buscará en las relaciones con los demás, en las cosas que lo rodean; incluso su manera de soñar tendrá que ver con esas primeras impresiones que han quedado marcadas como un molde en el inconsciente.

Y ese molde, la forma en que muchos "otros" (la/s madre/s, el/los padre/s, los sustitutos que ocuparon esas funciones, la sociedad, la cultura, el medio ambiente) le enseñaron lo mejor y lo peor del mundo será una brújula para amar, para desear y para sufrir.

En los primeros años aprendemos el amor y el dolor de modo singular. Cada uno a su manera. Ese será "nuestro molde". Nos marcarán palabras o actos de nuestros padres y madres, ya sean atenuantes de ansiedad o violentos, que armarán un cuento acerca de cómo se ama y cómo se sufre. Y desde ese lugar psíquico inconsciente, nos hablará una voz para guiarnos. Para bien o para mal.

Entonces, ¿de quién nos enamoramos?

De esa persona que nos permita revivir las emociones de nuestras escenas infantiles. Tanto las bellas como las terribles.

El problema está en que las relaciones de amor no siempre son sanas. Hay relaciones que juegan el amor con mucho más dolor de lo que se puede soportar. Algunos dicen –y creen– que Dios no le da a alguien más de lo que puede soportar. Esto también es una mentira. Porque soportar –ser soporte del sufrimiento–, siempre enferma.

Cierto es que hay distintos grados de enfermedades psíquicas o físicas que son más o menos soportables. Pero siempre serán dolores que nos hacen la vida miserable. Y ahí aparece el amor. El buen amor. Ese que da "lo que no se tiene" porque el otro puede recibirlo sin darse cuenta de que también ofrece *algo* que no puede dar. Una ilusión de *completud.*

Y de ese amor, el que nos hace la vida menos difícil, hablaremos más adelante. Ahora nos toca el amor cruel.

RELACIONES QUE LASTIMAN

Es sabido que hay relaciones tormentosas en las que se sufre en nombre del amor. Sufrir en nombre del amor. Parece una ironía o una paradoja, pero así es.

El ser humano no puede amar sin sentir celos, culpa, desesperación. Todos hemos pasado por estas emociones en algún momento. ¿Quién no sintió temor o ansiedad en alguna etapa de la relación amorosa?

Hay quienes incluso lo sienten todo el tiempo, como si estas emociones fueran la parte más intrínseca del vínculo. Las que lo anudan. Lo sostienen. Y también lo hacen doloroso. Y en alguna medida lo son.

Aprendimos a amar de la mano de ciertas prácticas que pueden traducirse en actos crueles y nos dejarán marcas traumáticas para elecciones futuras.

La madre que nos quita bruscamente del pecho o de la cama. Su contracara: la que nos tapa la boca con su pecho, biberones o comida de manera indiscriminada, sin regular las cantidades que se irán inscribiendo en nuestro psiquismo desde bebés como una tormenta; tal vez, una tormenta que más tarde se desatará en distintas patologías alimenticias. Los padres que nos meten en su cama y nos atan a su cuerpo por años, imposibilitando el destete a tiempo y la constitución de un Yo separado de ellos; un paso fundamental para una psiquis sana. Padres o madres que nos miran con reproche o que no nos miran en absoluto; hermanos que nos pegan; amigos que nos celan; incluso gente que nos ama y al mismo tiempo nos aborrece.

Y por otro lado, la sociedad posmoderna que nos trae algo más: *personas* invisibles que nos hostigan y nos angustian a través de redes sociales que imponen todo su sadismo desde la voracidad de una cultura que entrona lo imaginario. Esos anónimos *–haters–* que rasgan nuestro nombre propio con insultos o mentiras y nos dejan sin armas para enfrentar la vida de ahí en más.

Somos débiles. Tenemos una psiquis frágil. Y esa pulsión mortífera que describió Freud para destruirnos es una máquina perfecta.

Indefensión. ¿Eso queda?

"La mejor manera de ser libres es dejar de mirar a los demás", suelo decir a mis pacientes. Y al mismo tiempo me contesto que la propuesta es una utopía; otra forma de considerar a la crueldad. Porque si dejamos de mirar a los otros estaremos siendo indiferentes. Dejar de mirar sus agresiones, sí; pero no sus carencias. Eso es una canallada en la que todos solemos caer.

Volvamos a los amores crueles.

Las agresiones que se dan en los vínculos de amor tienen muchas modalidades. Están las evidentes, como la agresión física o verbal a través de golpes, gritos o insultos, de las que deberíamos escapar apenas aparecen.

Pero hay otras maneras más sutiles de maltrato que no son menos agraviantes. Actos que parecen distracciones y en realidad enmascaran otra crueldad. Ahora, bajo la forma de la indiferencia. Tal vez, uno de los modos más silenciosos del desamor. Porque el amor es un acto de reconocimiento.

¿Qué significa ser amado? Que existe alguien que nos reconoce y nos ubica en un lugar diferente a los demás. La persona amada tiene otro brillo. Iluminada por el amor, se convierte en un ser especial. Cuando aparece un engaño o un abandono, el amante quita esa luz de nosotros, perdemos el brillo y el lugar de importancia que ocupábamos. Para el otro, y para nosotros. Porque ese amor del otro alimenta nuestro amor propio.

Sin embargo, no es necesaria la ruptura o la traición para que dejemos de estar en ese lugar de privilegio. Cuando alguien que amamos nos trata con indiferencia, también apaga la luz. Y nos vuelve invisibles. A veces, como no hay golpes ni insultos, nos quedamos en ese mundo de sombras sufriendo la crueldad de la indiferencia. Una crueldad cotidiana que, como la gota que cae sobre la cabeza en la tortura china, nos lastima sin que al principio nos demos cuenta. Hasta que ya es tarde.

"No me mira, no me escucha cuando le hablo, no se da cuenta si me corto el pelo o si estoy triste. Está metido en su historia. Me habla lo necesario. Los días que está en casa, lee, se acuesta temprano. Yo no existo", dice la Señora R., que acaba de cumplir cincuenta años y está casada hace más de treinta con un empresario. El marido viaja a menudo por trabajo. Vive para el trabajo. Los hijos ya se fueron de la casa. Y ella se siente sola. A veces lo acompaña en algún viaje. Y agrega: "Cuando me voy con él pasa lo mismo. Parece que no estoy, no hay entusiasmo, como si la vida me hubiera dado la espalda".

"¿La vida?", le pregunto.

La señora R. no contesta. Se pone a llorar.

La vida no es indiferente; las personas lo son. Aceptar esto es doloroso porque nos interpela desde otro lugar. Nos subjetiva. Y cuando la indiferencia proviene de aquellos que queremos, el dolor se hace más intenso. Pero, en el caso de mi paciente, o en los casos de tantas personas que sostienen vínculos que lastiman: ¿cuál es la responsabilidad del lastimado?

La profesora Edith Eger nació en Hungría. En 1944, de adolescente, fue enviada a un campo de concentración nazi. Sobrevivió. Cuando llegó a los Estados Unidos se doctoró en la carrera de Psicología. Con más de ochenta años escribió un libro acerca de su historia, *La bailarina de Auschwitz*, donde propone una diferencia entre la victimización y el victimismo:

"Todos podemos ser victimizados de algún modo en el transcurso de nuestras vidas. Todos, en algún momento, padeceremos algún tipo de desgracia, calamidad o abuso, provocados por circunstancias, personas o instituciones sobre las que tenemos poco o ningún control. Así es la vida. Y eso es la victimización. Viene del exterior. Son los matones del barrio, el jefe que se enfada, el marido que pega, el amante que engaña, la ley discriminatoria, el accidente que te envía al hospital. En cambio, el victimismo, procede del interior. Nadie puede convertirnos en víctimas excepto nosotros mismos. Nos convertimos en víctimas, no por lo que nos sucede, sino porque decidimos aferrarnos a nuestra victimización. Desarrollamos una mentalidad de víctima; una forma de pensar y de ser rígida, culpabilizadora, pesimista, atrapada en el pasado, implacable, castigadora y sin límites o fronteras saludables. Nos convertimos en nuestros propios carceleros cuando optamos por limitarnos mediante la mentalidad de la víctima [...]. Si menospreciamos nuestro dolor o nos castigamos por sentirnos perdidos, solos o asustados ante las vicisitudes de nuestra vida, por muy insignificantes que estas le parezcan a cualquiera, estaremos decidiendo ser víctimas [...]. Resulta demasiado fácil construir una prisión con nuestro dolor y nuestro pasado [...]. No podemos decidir tener una vida sin dolor. Pero podemos decidir ser libres, escapar del pasado, nos suceda lo que nos suceda, y adaptarnos a lo posible".

Siguiendo a Eger, decimos que no es lo mismo ser víctima de una situación hiriente que instalarnos en un lugar de victimismo. Jugar el papel del abandonado, el no mirado, el traicionado, significa entregarse al goce. Y no hacerse cargo de un dolor al que se le puede poner un límite.

Recordemos a la esposa de la película italiana *Siempre habrá un mañana*. Ella rechaza la ayuda que le ofrece el oficial americano y luego la propuesta de un amor de la juventud que la incita a abandonar al esposo para irse con él. En cambio, decide continuar siendo protagonista de su goce junto con el marido. Los dos arman la escena perfecta para sufrir –para seguir sufriendo–, incluso a pesar de que sus hijos permanezcan encerrados en la habitación y que escuchan o perciben lo que sus papás juegan tras la puerta. Y también sufren. La pareja sigue en lo suyo, aun con las vecinas que se miran de manera cómplice en la vereda cuando el marido cierra las ventanas para empezar el ritual. Y las vecinas, que saben lo que se viene, siguen ahí, hablando, tejiendo, incorporándose al papel que les toca en este juego, a la puesta gozosa del barrio.

"Resulta demasiado fácil construir una prisión con nuestro dolor y nuestro pasado": este es el lugar preferido de la pulsión de muerte. El lugar de su voracidad. El lugar desde donde nos atrapa y nos enferma y nos termina aniquilando la vida o los sueños.

"¿Y qué puedo hacer?", me pregunta la Señora R. casi con desesperación antes de abrir la puerta del consultorio para irse.

Previo a despedirla, le digo: "Nadie que nos da la espalda puede mirarnos".

LOS NUEVOS NOMBRES DE LA CRUELDAD AMOROSA

Hoy, el abuso emocional que aparece en algunos vínculos se denomina con neologismos anglosajones: *ghosting*, *gaslighting*, *love bombing*, *bread crumbing*, *orbiting*, *benching*, *hoovering* son los nuevos apodos de la crueldad amorosa.

Pero estas conductas han existido siempre.

El problema es que en la actualidad la sobrecarga de información tecnológica y los estímulos a los que todos tenemos acceso de manera temprana, generan la necesidad de homogeneizar no solo los cuerpos para que se vean perfectos, sino también los nombres de los actos crueles.

Desde la época de nuestros abuelos hemos escuchado historias donde un miembro de la pareja "se fue a comprar cigarrillos" y no regresó más; desaparecía sin explicaciones. En la vida moderna, eso se llama *ghosting*, término que proviene de inglés: *ghost*, fantasma. Es decir: cortar la comunicación con una persona sin previo aviso ni explicación. Convertirse en algo fantasmal.

El término *gaslighting* (en inglés, luz de gas) parece provenir de una película homónima, que relata la manipulación de un hombre con la mujer haciéndole creer que ha perdido la razón. Hoy en día se denomina así a quien hace todo para sembrar dudas en su pareja acerca de su juicio, haciendo hincapié en sus errores de interpretación. Con ello, genera que el otro dude de sí mismo e incluso de su salud mental.

Para hablar del engaño aparece el *love bombing*, el bombardeo de amor, que se da cuando alguien inicia un vínculo mediante una explosión de seducción –que hace sentir al otro maravilloso–, para luego distanciarse y desaparecer. Pasado el entusiasmo del enamoramiento propio de los primeros tiempos de relación, la persona se aleja dejando al otro sin respuestas. Esto genera un apego emocional que más tarde será difícil elaborar.

El *breadcrumbing* implica la entrega escasa de cariño, como las migajas de pan. Alguien que da lo que le sobra cuando quiere y como quiere, sin intención de crear un vínculo profundo. Pero la persona que recibe esas migajas se queda con hambre, insatisfecha y dolida. Así como el hambre se siente en el cuerpo con dolor, el hambre emocional también duele.

Se llama *orbiting*, orbitar, a un comportamiento característico de las redes sociales donde se interactúa con alguien a través de *likes* o algunos comentarios (emoticones, por ejemplo), aunque sin establecer un contacto directo, lo cual puede provocar confusión respecto a la dialéctica que se pone en juego.

El que habla, incluso a través del lenguaje de la época, siempre genera sentido. Donde hay palabras, puede haber ilusión y también puede haber exceso e imprudencia.

El llamado *benching* (de *bench*) se da cuando alguien inicia un contacto con una persona sin ánimo de compromiso pero igual la deja "en el banquillo", o en el banco de suplentes, expectante, es decir, siembra la esperanza de un vínculo futuro. Y el *hoovering* (del inglés, aspirar) consiste en manipular a una expareja con el fin de retomar la relación luego de un tiempo.

Recibo a la Señorita B. un lunes por la tarde. Apenas se sienta, dice:

"Pasé un fin de semana horrible. Me había dicho que ella estaba de viaje y que podíamos irnos a un hotel en Areco para dormir juntos. Fui a la peluquería, me compré un conjunto divino de ropa interior y a él le compré el perfume nuevo que le gusta. Dijo que me buscaba a las ocho, después de que terminara el partido de futbol de su hijo. El nene se iba a la casa de un amigo y él se quedaba libre. Ya estaba todo organizado. Lo esperé hasta las diez de la noche. Creí que se le había hecho tarde. Y nada... Empecé a mandarle mensajes y no me contestaba. Seguí esperando, muerta de hambre. Pero nunca vino. ¿Puedes creer que apareció a penas el domingo a la tarde?", me pregunta.

Dejo que la pregunta sobrevuele el espacio del consultorio. Y luego de unos segundos, digo: "Bueno, ahora cuéntame algo nuevo, algo que no sepamos".

Me mira en silencio. Al rato, asiente.

Hace diez años que está involucrada en esa relación. El hombre es casado y ella lo supo desde el primer día. A pesar de decirle que la quería, él jamás le prometió que dejaría a la esposa. La veía cuando se le antojaba; de hecho, hubo momentos en los que estaba solo –como ese fin de semana– y a pesar de haber acordado con ella un encuentro, igual desaparecía. Y ella siempre se quejaba. Pero volvía a recibirlo al día siguiente.

Mi intervención apuntó a que la paciente pudiera salir de la queja constante y se responsabilizara del lugar que sostenía frente a esto. Un lugar de goce.

Los vínculos que duelen existieron siempre. El tema es que debemos pensar por qué duelen, o quién nos hace doler.

En la mayoría de los casos nos ponemos la máscara de víctimas, nos disfrazamos para proyectar la responsabilidad en el otro y de esta manera quitarla de nosotros. Nos des-centramos. Salimos del eje. Y nos entregamos al goce.

El goce es un almohadón (cómodo) que ya conocemos. Por eso vamos –y nos quedamos– en ese lugar. Sufriendo "cómodamente". Somos crueles con nosotros; incluso a veces más crueles que los demás. Tal vez, porque nos han enseñado a relacionarnos sobre la base de un amor propio debilitado, o ausente.

Y acá aparece el peligro.

Los nuevos nombres de la crueldad amorosa lo delatan muy bien. Y tal como hace la Señorita B., dejamos que otros orbiten alrededor de nuestras fantasías sin mostrar actos responsables, nos quedamos quietos en el banco de suplentes en lugar de salir a jugar partidos nuevos, o aceptamos las migajas de cariño en vez de armar relaciones en las que podamos compartir un proyecto verdadero.

Nos tratamos sin amor y somos los creadores de nuestro llanto. Y en este sentido, las nuevas generaciones, que han crecido con las pantallas y las redes sociales, entablan vínculos preocupantes. Muchas veces, les cuesta hablar porque la acción digital es la única forma de lenguaje que conocen. Y desaparece el diálogo o el "cara a cara" que siempre habilita la palabra. Por eso lloran en soledad. Algunos, incluso, prefieren evitar una conversación o intercambiar un mensaje y simplemente deciden bloquear al otro, ignorando que tal vez sea una forma de bloquearse a sí mismos.

ENVIDIA, CELOS Y VORACIDAD

La psicoanalista Melanie Klein concibe a la envidia como el sentimiento enojoso contra otra persona que posee o goza de algo deseable, y el impulso de quitárselo o dañarlo. Los celos, en cambio, comprenden el amor que el sujeto siente que merece y le han quitado, o está en peligro de perder por un rival. Y la voracidad es un deseo vehemente, impetuoso e insaciable que excede lo que el sujeto necesita y lo que el objeto es capaz y está dispuesto a dar.

Entonces:

- La envidia se manifiesta de forma dual y tiene que ver con el odio. Es el sentimiento de enojo contra alguien que tiene o goza de algo deseable y provoca ganas de dañarlo. Lacan dirá que el sujeto en realidad quiere la posición que el otro tiene respecto del objeto. Por ejemplo: un niño agarra un juguete y basta con eso para que el hermano quiera el mismo que tiene el niño en su poder. Ese y no otro.

- Los celos se dan de manera triangular y se relacionan con el amor que alguien siente que le quitaron o que está por perder.

- La voracidad alude a lo perverso. "El objeto no es adquirido para disfrutarlo o para cuidarlo, sino para destruirlo", para que el otro no lo posea más. En el ejemplo, cuando el niño consigue quitarle el juguete a su hermano, lo destruye.

Freud trabajó la envidia solo en función de la "envidia del pene", lo cual pareciera ubicarlo como un afecto femenino. Melanie Klein, en cambio, abre el concepto y señala que la envidia puede darse con relación a los objetos en general, cuando el sujeto se siente frustrado. Por eso se enoja.

En un congreso de psicoanálisis escuché la presentación del siguiente caso clínico:

Un adolescente de trece años se suicida. Sus padres estaban separados desde hacía años pero continuaban peleando por la custodia. En el momento del velorio, se ven después de mucho tiempo. Están los dos frente al cajón.

(A) llora desconsoladamente.

(B) le dice con frialdad: "¿Viste lo que lograste? Al final, ni está contigo ni está conmigo".

¿Cuál era el valor emocional que tenía ese chico para ellos?

Podríamos pensar que para (A) se trataba de una cuestión de celos, dado el dolor que mostraba ante la pérdida del hijo amado; en cambio, para (B), que priorizaba el enfrentamiento al dolor, pasaba por la envidia.

Resulta claro qué postura es más cruel.

"La cabeza de colores", un cuento infantil de Pedro Pablo Sacristán, habla sobre la envidia. Y dice:

Esta es la increíble historia de un niño singular. Siempre quería aquello que no tenía: los juguetes de sus compañeros, la ropa de sus primos, los libros de sus papás... y llegó a ser tan envidioso, que hasta los pelos de su cabeza eran envidiosos.

Un día resultó que uno de los pelos de la coronilla despertó de color verde, y los demás pelos, al verlo tan especial, sintieron tanta envidia que todos ellos terminaron de color verde.

Al día siguiente, uno de los pelos de la frente se manchó de azul, y al verlo, nuevamente todos los demás pelos acabaron azules. Y así, un día y otro, el pelo del niño cambiaba de color, llevado por la envidia que sentían todos sus pelos.

A todo el mundo le encantaba su pelo de colores, menos a él mismo, que tenía tanta envidia que quería tener el pelo como los demás niños. Y un día, estaba tan enfadado por ello, que se tiró de los pelos con rabia.
Un pelo delgadito no pudo aguantar el tirón y se soltó, cayendo hacia al suelo en un suave vuelo... y entonces, los demás pelos, sintiendo envidia, se soltaron también, y en un minuto el niño se había quedado calvo.
Luego de llantos y rabietas, comprendió que todo había sido resultado de su envidia. Entonces decidió que trataría de disfrutar de lo que tenía sin fijarse en lo de los demás. Así, se encontró con su cabeza lisa y brillante, sin un solo pelo, y aprovechó para convertirla en un lienzo.
Desde aquel día, comenzó a pintar cuadros de colores en su cabeza calva. Los cuadros gustaron tanto, que con el tiempo se convirtió en un artista original y logró fama en el mundo entero.

La propuesta de la vida moderna nos frustra todo el tiempo. Nos enseña el odio en lugar del amor. Nos invita –y nos premia– a consumir más, a tener más éxito, más seguidores en las redes sociales, más brillo y perfección. En definitiva, nos incita a reemplazar la felicidad por el goce. Y como el acceso a esas metas y a esos objetos requiere de posibilidades que muchas veces no tenemos, y como esos objetos se van consumiendo mientras se producen otros, siempre quedaremos insatisfechos y condenados a sufrir un daño imaginario. Y ese daño que produce la frustración, nos lleva a querer los objetos, el éxito, el brillo o los seguidores de los demás. A envidiar y odiar a los demás de una forma voraz. O a nosotros mismos bajo formas melancólicas que nos dejan *pelados* de sueños.

"A todo el mundo le encantaba su pelo de colores, menos a él mismo, que tenía tanta envidia que quería tener el pelo como los demás niños. Y un día, estaba tan enfadado por ello, que se tiró de los pelos con rabia… y en un minuto el niño se había quedado calvo".

Lo que constituye la voracidad que nos consume no es el encuentro con lo placentero, sino la búsqueda compulsiva del *más allá del placer*.

Un adicto –al alcohol, las drogas, la comida, las pantallas, las apuestas–, no repite compulsivamente sus conductas en busca de placer, no consume ni come ni juega por placer. Lo hace para disminuir la tensión psíquica que genera la insatisfacción. Sin embargo, con esto no se logra regular la psiquis; todo lo contrario, hay una dupla constante de incremento y disminución de la tensión que se alimenta con el consumo. La compulsión a repetir muestra que no hay placer en esos actos. Sino goce.

Como ya señalamos, en el texto "Estados de ánimo del psicoanálisis", Jacques Derrida piensa las nuevas formas de la pulsión de muerte a partir de la relación entre civilización y tecnología para hablar de una crueldad sin sangre, vinculada a lo psíquico.

Dice: "Lo que queda por pensar sería, pues, la mutación misma de… una crueldad sin tiempo, tan vieja y, sin duda, más vieja que el hombre [...]. Si hay algo irreductible en la vida del ser vivo, en el alma, en la *psyché* (psiquis)… es la posibilidad de la crueldad (la pulsión, si quieren, del mal por el mal)".

Ahora bien: ¿cómo nos instalamos en una sociedad sin moderar los impulsos crueles de nuestra pulsión?

POSTAL 10

¿ADÓNDE VAN LOS MUERTOS?

HISTORIA REAL DE UNA DESPEDIDA

Las puertas de vidrio se abren. Un chico de cinco años que vive en el extranjero sale medio dormido. No entiende bien dónde está. Al ver a la familia, comprende que ha llegado a Argentina. Al instante, se suelta del papá y corre hacia los brazos de su tío, que lo llena de besos. Un año sin verse ha sido mucho tiempo.

Enseguida pregunta por su abuelo. Todos se miran. Alguien dice que se ha quedado en casa.

"¿Le pasó algo?", insiste.

Nadie contesta.

El abuelo ha sido difícil.

Pasó su vida armando castillos de hielo parecidos a los de Disney; solo que esos –los de Disney– no se derriten cuando sale el sol.

Ahora, está viejo y enfermo. Ya no es la promesa de un triunfo o la mirada que a veces daba miedo. Es un anciano que espera su final entre paredes blancas. Sin crayones en los dedos. Y sin ilusión.

Pero el niño tiene recuerdos.

En su memoria están todos los momentos en que el abuelo fornido y amoroso lo abrazó y le cosquilleó la pancita para hacerlo reír desde que era un bebé.

"Quiero verlo", dice.

No es fácil concretar la visita.

Hay que sacarlo del hogar y abrigarlo bien porque es invierno.

Lo logran.

El chico espera con su tío en el bar de la esquina.

Al rato, ve que el padre cruza la calle con la silla de ruedas.

El anciano se pone los anteojos para no perderse la escena que marcará el adiós.

El último adiós.

El niño corre hacia él.

Se para frente a la silla, lo mira fijo y se le echa encima.

El abuelo llora y acaricia la cara de su nieto.

El nieto junta sus manitas sobre las de él.

El abuelo le dice que lo ama y que lo amará siempre.

El nieto lo escucha sin hablar. Pero comprende todo.

En sus silencios están las respuestas.

En sus silencios están los pocos encuentros que han tenido y todos aquellos que él deberá reconstruir en la memoria de aquí en adelante. Para guardarse el amor y protegerlo de la muerte. Para evitar que el recuerdo se esfume con el tiempo.

Esa fue la última vez que se vieron.

Al regresar a su país, pasaron algunos meses hasta que el chico preguntó si se había muerto. El papá le dice que sí.

"¿Adónde van los muertos?", sigue.

El padre responde que los muertos están en el cielo, dentro de las nubes grandes.

El niño levanta la cabeza, mira hacia arriba. Y sonríe.

Por suerte, siempre hay nubes en el cielo.

5

LA VERDAD

A menudo nos encontramos con verdades
que preferiríamos no haber descubierto,
porque su revelación nos coloca en una situación dolorosa.

SIMONE DE BEAUVOIR

Del mundo de las ideas de Platón al empuje dionisíaco de Nietzsche o la crítica social de Byung-Chul Han, la filosofía ha sido –es– un intento de responder a la pregunta: ¿Cuál es la verdad?

Una pregunta que, a su vez y de manera diferente, recorre la teoría y la práctica del psicoanálisis. Cuando un paciente habla en sesión, comienza a jugarse ese misterio.

Para la religión, la verdad es un emblema. Es, entre otras cosas, falta de indulgencia con uno mismo, ofrenda a los demás a cualquier precio, culpa y castigo.

Encontramos en las Escrituras contradicciones que resultan insalvables.

Veamos algunos ejemplos:

> Salmos 101-7: "Jamás habitará bajo mi techo nadie que practique el engaño".

Si esto es así, entonces: ¿dónde queda el Dios piadoso, el que contiene, el que protege del dolor o perdona nuestros errores?

> Proverbios 12-22: "El Señor aborrece a los de labios mentirosos, pero se complace en los que actúan con lealtad".

¿Un Dios que aborrece no es acaso un Dios que odia?

Las ideas del amor y el perdón divino parecieran no encontrar lugar en este párrafo.

> Juan 8:31-32: Jesús se dirigió a los judíos que habían creído en él, y les dijo: "Si se mantienen fieles a mis enseñanzas, serán realmente mis discípulos y conocerán la verdad, y la verdad los hará libres".

¿Y qué ocurre con aquellos que no siguen sus preceptos? Millones de personas que abrazan otras religiones o que no son creyentes: ¿son infieles y viven presos? La religión diría que sí. Que viven atrapados en "los sueños de Brahma", según los hindúes; en el hipnotismo del "tonal" para los brujos toltecas; o en el engaño de Satán para las religiones judeocristianas.

> Corintios 13:6-7: El amor no se deleita en la maldad, sino que se regocija con la verdad. Todo lo disculpa, todo lo cree, todo lo espera, todo lo soporta".

Así, el amor sería dar todo, perdonar todo, creer todo, soportar todo. A cualquier precio. Algo patológico. ¿Por qué una persona que ama debería soportar que le pegaran, que la engañaran, que la humillaran, que la condenaran a la indiferencia o al silencio? Esto es una invitación a un amor cruel que destruye el amor propio.

Por su parte, la ley de los hombres parece seguir las leyes divinas.

La criminología, por ejemplo, no está alejada de lo religioso en tanto impone un juramento sobre los Santos Evangelios donde se apela al Supremo para que pueda dejarnos a salvo: "Jura decir la verdad, toda la verdad y nada más que la verdad".

Un juramento que ningún ser humano podrá cumplir.

Porque la verdad es un enigma y jamás puede decirse por completo.

* * *

Tenía nueve años y estaba en la casa de mis abuelos, los que escaparon de la Guerra. Era una aventura estar ahí. No porque se desplegaran grandes cosas, sino porque mi abuela era una persona muy especial. Siempre me contaba historias novelescas antes de dormir, y yo siempre supe que sus relatos eran exagerados. Pero también sabía –o la escuchaba decir– que no le gustaba la mentira. Es decir que todos los cuentos se basaban en hechos reales aunque estuvieran adornados con una dramatización recargada que me hacía reír mucho. Cuando llegó la noche, me arropó en la cama, trajo un chocolate y se sentó a mi lado. No recuerdo cómo empezó la charla, pero jamás olvidaré lo que me contó.

"Un día tu padre tenía que irse de viaje. Había dejado los documentos en el buró del dormitorio y estaba en la cocina comiendo algo. Tú agarraste su pasaporte y empezaste a dibujar todas las hojas. Cuando tu padre fue a buscarlo y vio lo que habías hecho, le dio un ataque. Se quitó el cinturón y empezó a pegarte bien fuerte. Tú tenías seis añitos y tu padre no paraba de darte y darte y darte. ¿Sabes lo que significa eso?".

A partir de esa noche lo supe.

"Eso", significaba que mi abuela me había roto una ilusión.

Seguramente, yo había reprimido el recuerdo de aquella paliza para protegerme de su efecto traumático. Para mí, papá nunca me había pegado. Y esa fantasía que sostenía con orgullo, se despedazó en un instante por el cuento de una noche. Un hecho que mi psiquis se había encargado de censurar y mi abuela se había encargado de revivir.

Con ese relato cambió el papá que yo me había construido en la cabeza. Ahora, no solo era un papá amoroso, también podía ser un padre cruel.

Mi abuela destruyó mi verdad. Y se encargó de imponerme la suya. Una verdad que yo no le pedí. Una verdad dolorosa que mi psiquis había reprimido.

No era justo.

Por efecto de la represión mi verdad no se correspondía con la realidad, aunque el relato de mi abuela tampoco. Mi abuela sabía lo que había pasado, pero entre ese saber y la verdad había una distancia. Yo no lo sabía (de manera consciente), pero en ese "no saber" estaba mi verdad en juego.

En una conferencia organizada en 1995 por la Facultad de Filosofía y Letras de la Universidad de Buenos Aires, Jacques Derrida dijo: "Mentir es querer engañar al otro, y a veces aun diciendo la verdad. Se puede decir lo falso sin mentir, pero también se puede decir la verdad con la intención de engañar, es decir mintiendo. Pero no se miente si se cree en lo que se dice, aun cuando sea falso. Al declarar que cualquiera que enuncie un hecho que le parezca digno de ser creído o que en su opinión sea verdadero, no miente, aunque el hecho sea falso, San Agustín parece excluir la mentira a uno mismo y esta es una cuestión en la que insistiremos: ¿es posible mentir a sí mismo y todo autoengaño, toda astucia para consigo mismo, merece el nombre de mentira?".

A su vez, Alfred Adler, psiquiatra austríaco y una de las figuras más importantes en el desarrollo de la psicología moderna, dice: "La verdad es a menudo un arma de agresión. Es posible morir, e incluso asesinar, con la verdad".

Para él, no se trata de un concepto absoluto sino de algo subjetivo. Sostiene que las ideas de las personas no necesariamente deben ser "verdaderas" en un sentido objetivo, sino que deben ser útiles para la vida y el desarrollo. Así, si una creencia permite que una persona pueda mejorar su vida, relacionarse con los demás y superar sus problemas, entonces será "verdadera" para ella. En este sentido, no hay una verdad absoluta, sino verdades funcionales que ayudan a los individuos a vivir mejor.

Alguna vez escuché decir a Alejandro Dolina: "Cuando alguien me dice 'a lo mejor no te ama, solo cree amarte', le respondo 'si cree que me ama, me ama'".

Adler veía la "verdad" como un concepto ligado al poder y la agresión. Cuando alguien insiste en poseer la verdad absoluta, esto puede considerarse un acto de agresión o dominación, un modo de controlar o someter a otros.

El cuento de mi abuela, entonces, no tuvo que ver con una confesión (benévola) con el objeto de esclarecerme el panorama de lo que había ocurrido. No. Simplemente, fue un acto de agresión que puso en jaque la creencia acerca de mi padre. Una verdad que yo sostenía para vivir mejor.

Porque, tal como dijo Umberto Eco alguna vez: "No todas las verdades son para todos los oídos".

LA VERDAD VELADA O DES-VELADA

La muerte es la falta. El agujero.

Los adultos se sirven de recursos simbólicos para enfrentar esta incógnita. Por eso los rituales, las misas, los velorios, Dios, el Espíritu Santo, los Ángeles, el Cielo, el Infierno, y todo lo que ofrezca algo de alivio. Aunque también pueden no creer, desconfiar de lo divino, pensar que la existencia termina con los huesos bajo la tierra. Y fin. Y verán cómo procesan su angustia frente a esto.

Un niño, en cambio, necesita más resguardo porque aún no tiene las herramientas psíquicas para comprender.

Pero… ¿Quién entiende la muerte? ¿Quién sabe qué hay después? La diferencia tal vez sea que los adultos podemos crear herramientas simbólicas elaboradas, como la transmigración de las almas, la reencarnación o el paraíso. Los niños, en cambio, se contentan con los angelitos o con esa estrella desde la cual los mira un abuelo.

Todo ser humano, adulto o niño, enfrenta el desafío de construir (como hacemos los analistas con los pacientes) una historia que le permita transitar la vida a pesar del vacío. Aunque en esa historia nos digamos que más allá no hay nada. Esa nada, también es un relato.

Lo simbólico puede estar en cualquier lado –las nubes, el sol, la luna, los angelitos– lo que sea que calme la angustia de la muerte. Pero no puede faltar.

La señora B. vive con su hijo de cuatro años. Se acaba de morir un gato que vivía en el hogar desde que el nene nació. El animal estaba muy enfermo y el niño lo sabía. Hasta que un día, desaparece. El chico lo llama, lo busca por todas partes, se angustia. Le pregunta a su mamá si lo ha visto. La madre contesta que el gato se murió. "¿Y ahora dónde está?", sigue el niño. "En ningún lado", responde la mamá. Al tiempo, el hijo comienza con terrores nocturnos, miedo a dormir solo y a jugar con amigos. "Yo le dije la verdad", me dice la madre mientras abre los brazos.

"En ningún lado" es una falta des-velada, un salto al vacío –encuentro con lo Real–, un agujero que no tiene nada simbólico que lo cubra, una angustia temprana que un niño no tiene la capacidad de asumir ni tolerar.

"Partió", "se fue con la mamá al cielo" son metáforas indispensables para aliviar la psiquis infantil. Y su ausencia se traducirá en síntomas.

Por otra parte, hay una felicidad ingenua y necesaria vinculada al no saber que tiene que ver con la capacidad de ilusionar a los chicos.

El doctor Bruno Bettelheim, uno de los psiquiatras y psicólogos infantiles más renombrados del siglo XX, en su libro *Psicoanálisis de los cuentos de hadas*, dice: "Al ir aumentando la capacidad del niño para enfrentarse a los distintos problemas que se le presenta, es lógico que se relacione cada vez más con las otras personas y con los aspectos más generales del mundo que lo rodea [...]. Gracias a estas nuevas experiencias con el mundo externo el niño se da cuenta de las limitaciones de sus progenitores [...]. En consecuencia, el pequeño experimenta tal disgusto [...] que se arriesga a buscar satisfacciones en cualquier otra parte. En este caso [...] el niño necesita las satisfacciones que le proporciona la fantasía para no dejarse vencer por la desesperación [...]. La capacidad de adornar el presente con fantasías es lo que permite alcanzar el resto de objetivos, porque, con ello, se pueden soportar las frustraciones experimentadas en la realidad [...]. La sensación de fracaso que un niño experimenta cuando sus compañeros de juego o sus hermanos mayores lo rechazan o hacen las cosas mejor que él, cuando los adultos –y en el peor de los casos los padres– parecen burlarse o mofarse de él [...] (lo hace sentir) como un ser inferior: un "tonto". Solo una fantasía exagerada acerca de éxitos futuros podrá equilibrar la balanza, de manera que el niño pueda seguir viviendo y esforzándose [...]. Aunque la fantasía es *irreal*, la sensación agradable que nos proporciona respecto a nosotros mismos y a nuestro futuro es completamente *real*, y necesitamos esta sensación para sobrevivir".

Cuando un niño experimenta una decepción, los padres deben contener sus emociones y hasta proporcionarle palabras de alivio para que pueda comprender que eso que lo aflige pasará, o que más adelante se sentirá mejor. El problema es que las vivencias infantiles son extremas porque los chicos no tienen las herramientas del adulto para evaluar la realidad.

Sigue Bettlheim: "El desespero del niño es total –al no conocer grados intermedios, se siente, o bien en el más tenebroso de los infiernos, o bien en la más perfecta de las glorias– y, por lo tanto, lo único que puede vencer su temor de destrucción total en este momento es una felicidad perfecta y eterna. Ningún padre razonable afirmará que es posible llegar a la felicidad total en la realidad, pero con los cuentos de hadas contribuirá a que su hijo utilice, a su manera, las esperanzas fantásticas en el futuro, sin engañarlo con falsas promesas irrealizables".

Los cuentos acerca de Santa Claus, los Reyes Magos o el ratón Pérez, por ejemplo, son condición para esas ilusiones. Y en la niñez, la ilusión no es una mentira, es un modo imaginario de aprehender el mundo que será requisito para una vida adulta más sana.

Hay papás y mamás que no permiten la ilusión. Y desenmascaran los cuentos clásicos de forma temprana. Y cruel. Entonces: Santa Claus no existe, son los padres quienes dejan regalos el seis de enero o debajo de la almohada cuando se pierde un diente, y el cielo no es para los muertos porque después de la muerte no hay nada.

Los padres que niegan estas ilusiones dejan a sus hijos librados a una existencia incrédula, es decir: les roban la condición ingenua que debe tener la niñez. Y esto puede ocasionar la inhibición de las emociones más sensibles, como el amor, el deseo o la ilusión de armar algún proyecto cuando son adultos.

Los niños lloran, se ríen, fantasean. Para un chico la fantasía es la realidad. El niño que conoce esas "verdades" o que no tiene permiso para fantasear, pierde rápidamente el vértigo y las ilusiones, y corre el riesgo de inhibir su capacidad de amar. Porque para enamorarse debe haber vértigo e ilusión.

El doctor Bettelheim agrega: "En los cuentos de hadas, a diferencia de los mitos, no se vence a otras personas, sino a uno mismo y a la maldad (que es principalmente la del propio héroe proyectada en su antagonista) [...]. El niño lo comprende perfectamente. No cree que algún día vaya a convertirse en gobernante de un reino que no sea el de su propia vida. Los cuentos de hadas le aseguran que este reino puede llegar a ser suyo, pero solo si lucha antes por conseguirlo [...]. El mensaje que estas historias nos transmiten es que, aunque los conflictos y dificultades de tipo edípico parezcan irresolubles, si se lucha con vehemencia contra estas complicaciones familiares emocionales se puede llegar a una vida mucho mejor que la que tienen los que nunca experimentaron esos problemas... La recompensa del héroe al final de cuento no es la muerte ni la destrucción (como en los mitos griegos), sino la integración superior, simbolizada por la victoria sobre el rival o el enemigo y por la felicidad alcanzada en el desenlace. Para llegar a este final satisfactorio, el héroe debe pasar por las experiencias necesarias para su evolución, que corren paralelas a las del niño que avanza hacia su madurez. Esto estimula al niño a que no renuncie a sus esfuerzos ante las dificultades que encuentra en su lucha por convertirse en él mismo".

Si no hay angelitos, Santa Claus, Reyes Magos, ratón Pérez, ni cuentos de hadas o muertos que nos miran desde el cielo, no hay ideales para vivir. El mundo es una mentira y la única verdad la tienen papá o mamá. O no la tiene nadie.

No habrá reinos para construir, es decir: no existirá la fantasía de un proyecto de vida laboral, familiar, emocional ni, tampoco, la ilusión de un amor.

Algunos chicos aprenden a defenderse de estas verdades prematuras que muchos padres develan antes de tiempo.

Me cuenta una paciente que dedicó todo el día de Navidad a explicarle a su hijo de cuatro años el origen del mito y le dijo que en realidad su familia era quien compraba los regalos del arbolito. El niño entendió el relato a la perfección. Horas más tarde, a las doce en punto de la noche, escuchó los fuegos artificiales y corrió hasta el balcón de su casa. Miró el cielo, se emocionó, señaló las luces de colores y dijo: "¡Mira, mamá, ahí va Santa Claus!"

Al igual que mi paciente, mis padres me rompieron la ilusión de los Reyes Magos desde muy pequeña. Sin embargo, aunque yo sabía que el seis de enero eran ellos los que me traían regalos, igual dejaba un recipiente con agua y algo de pasto para que se alimentaran los camellos de los reyes. A pesar de conocer "la verdad", quería forzar el milagro. Porque necesitaba la magia para no quedar en un desierto.

Sabemos que el psicoanálisis intenta destrabar lo reprimido o aquello que la conciencia quiere eludir. Pero también sabemos que es mejor un velo al horror –o un eufemismo– para evitar el desequilibrio psíquico. Las defensas neuróticas están para eso: nos protegen de lo insoportable. Aunque esa protección sea fallida, es mejor que ninguna.

Suelo escuchar una frase popular que dice: "la verdad está para ser dicha".

Veamos un ejemplo:

> La abuela le dice a la tía de un paciente:
> –Hola mi amor, tanto tiempo… ¡Estás más gordita, eh!
> Mi paciente reprende a su abuela:
> –¿Por qué le dices eso a la tía?
> La abuela contesta:
> –Porque es la verdad. Yo no miento.
> La tía se deprime y pasa la reunión en silencio debido a una madre que no sabe callar. Y que "no miente".

No siempre hay que decir la verdad. Ni toda la verdad.

Incluso en el mundo de los adultos. El amor importa más que la verdad.

Es cierto que hay verdades irrenunciables, pero hay algunas que deben esperar su momento. Otras, en cambio, no deben decirse nunca porque pueden destruir las emociones de los demás.

La verdad sin semblante es cruel.

La verdad desnuda es cruel.

Por eso, elogio los velos. Tanto para preservar las fantasías de un niño como para decir verdades incómodas o hirientes a los adultos.

En *Historia de un matrimonio,* la pareja discute y termina revelando cosas innecesarias, salidas de un relato compulsivo, motorizado por el frenesí de una pelea al límite donde alguien es capaz de decir algo que en realidad no sabe si siente, solo porque está tomado por la pulsión de muerte.

Dice Montesquieu: "La verdad en un tiempo es error en otro".

La brutalidad de aquella pelea –o de cualquier discusión que llegue a esos límites–, lo demuestra.

Hay verdades que deben velarse para no herir y otras que se disfrazan para seguir hiriendo. Así como también hay verdades necesarias, como el derecho de los hijos apropiados de desaparecidos, o de los hijos adoptados, a saber acerca de su origen. Esa es una verdad con jerarquía ineludible. Porque es una verdad que pone en juego el ser. El origen de un sujeto. Su historia misma. Y además, porque esas verdades se conocen, con ese saber no sabido del inconsciente, aunque el sujeto las ignore. Aun así, hay quienes deciden no saber y prefieren quedarse con la versión que les contaron quienes los han criado. Y también tienen derecho.

En la medicina rige un precepto que indica que hay que decirle la verdad al paciente, aunque esa verdad sea dolorosa y el paciente no quiera escucharla. En Estados Unidos, por ejemplo, no es posible conmover ese precepto porque los médicos o las instituciones pueden ser objeto de juicios millonarios. Es decir que, muchas veces, el consentimiento informado en realidad está encubriendo otra cosa.

Claro que los pacientes tienen derecho a saber. Pero los adultos responsables también tienen derecho a no querer saber. Y ese derecho, está infringido por una verdad impuesta a la fuerza que puede ser muy cruel.

En la novela *Papá querido* escribí acerca de la relación entre un padre y su hija.

El padre está internado en un hospital de La Florida. Tiene trombosis en los pulmones y un tumor en el colon. El grupo de médicos residentes que lo visita a diario se empeña en asustarlo. En lugar de preparar al paciente para que pueda afrontar la operación y luego se recupere, aparecen para recordarle que está grave y que es probable que se muera. Le insisten a la familia que deben decirle que "tiene cáncer", y hacen hincapié en el derecho al consentimiento informado. Pero en realidad, solo quieren cubrirse de posibles demandas judiciales. No les importa si el enfermo le tiene terror a esa palabra, si eso hará que no quiera intervenirse o que aumente su estrés al punto de ocasionarle un infarto. No. Deben decir "cáncer" y punto. Porque del otro lado no solo hay un paciente, también está un posible demandante.

La hija se desespera y decide hablar con la presidenta del lugar.

Y se da este diálogo:

–Me dijeron que tenía urgencia de verme. ¿En qué puedo ayudarle?

–Es por mi padre. Hace días le diagnosticaron un tumor que le está obstruyendo el intestino.

–Lo siento.

–Tiene un carácter especial. Siempre fue bastante fuerte… Bueno, en realidad no del todo… Si le dicen que tiene cáncer, va a negarse al tratamiento.

–Tiene derecho a saberlo –interviene la mujer.

–Si no se opera, se muere. No hay opción.

–De cualquier modo tiene derecho a elegir.

–¿Morirse?

–Operarse.

–No queremos que le mientan, solo vengo a pedirle que los médicos eviten mencionarle la palabra cáncer. Pueden decir pólipo en lugar de tumor, que no suena tan fuerte. Por lo menos para él.

–¿O para ustedes?

–No. Para él.

–La medicina tiene un código de ética muy preciso al respecto.

–Lo sé. No quiero ir en contra de la ley. Pido una digresión con el fin de intentar salvarle la vida a mi padre. De lo contrario, es decir, si no se opera, se dirige a una muerte segura. Y eso sí que va en contra de cualquier protocolo sanitario, ¿no le parece?

–De acuerdo. Hablaré con el médico que lo atiende para darle instrucciones precisas acerca de cómo adecuar el lenguaje con el paciente.

La hija solo pedía que le pusieran un velo a la verdad para que su padre aceptara la intervención. Pedía que no le dijeran la palabra "cáncer" porque eso lo horrorizaba. Y en su lugar, proponía un eufemismo (pólipo), una verdad enmascarada para salvarlo. Que no es lo mismo que una mentira.

En realidad, todos llevamos máscaras para enfrentar la vida. Todos estamos en una especie de carnaval veneciano que nos permite relacionarnos con los demás. Y eso no está ni bien ni mal, es así. El tema radica en el uso que le damos a esas máscaras.

En este sentido, el sociólogo canadiense Erving Goffman, en su obra *La presentación de la persona en la vida cotidiana*, utiliza la metáfora teatral para explicar cómo las personas se presentan a sí mismas en la interacción social. Dice que la vida social es como una obra de teatro en la que todos somos actores. En este escenario, los individuos realizan diferentes *papeles* según el contexto. Cada persona utiliza *máscaras* o *fachadas* (roles) para gestionar la impresión de los otros. La *cara* es la imagen positiva que un individuo intenta proyectar. Y existen *rituales*, acciones que las personas realizan para mantener el orden y las normas dentro de una interacción, que pueden ser pequeños gestos, como saludar o mostrar respeto, y son fundamentales para la cohesión social. Su violación puede llevar a la vergüenza o a la pérdida de "cara".

Propone dos conceptos interesantes:

El *frontstage*: es el escenario en el que las personas actúan sus roles y donde están en presencia de un auditorio. Aquí, son conscientes de cómo son percibidas y ajustan su comportamiento para mantener una determinada impresión. Es decir: actúan para los demás.

El *backstage*: es el espacio detrás de la escena, donde los individuos pueden relajarse y no tienen que mantener la fachada. Es donde se preparan para actuar más tarde. Es decir: se retiran de la actuación pública por un rato.

Por su parte, en *El malestar en la cultura*, Freud argumenta que la cultura se basa en la represión de ciertos impulsos y deseos humanos. Y afirma que la civilización requiere la renuncia a ciertas verdades incómodas sobre la naturaleza humana para mantener el orden social.

También hay verdades que deben mantenerse en suspenso y esperar su momento para ocupar la escena.

Por ejemplo, si se produce un suicidio en una familia, ¿se debe informar de esto a un niño?

Pienso que no. Los adultos deben preservar a los chicos del impacto que produce lo traumático. De seguro habrá una tensión en el seno familiar por algo que no se ha dicho y que tal vez de algún modo se perciba. Pero, en definitiva: ¿quién tiene derecho a quitarnos los velos que ponemos para defendernos de lo siniestro?

Albert Camus sostiene que "el hombre debe inventar el significado de la vida, y no siempre es un proceso que implique la verdad desnuda".

¿Existe la verdad? ¿Nos pertenece? ¿Es nuestra o de los demás?

En un principio, el psicoanálisis pensaba que la verdad se abriría paso como una revelación a través de un lapsus, un chiste o un fallido. Porque no se trata de que un hecho haya ocurrido o no. La verdad no tiene que ver con la realidad objetiva sino con la realidad psíquica. Es la verdad que surge del plano ontológico, del lenguaje y la palabra, eso que tiene significado en el inconsciente. Es decir que se creía que, al evocar la historia censurada del paciente, en eso que decía (por más que no haya ocurrido en la realidad objetiva) se develaría la verdad del sujeto.

Desde el año 1960 Jacques Lacan dirá que no hay verdad del sujeto, aunque el inconsciente se pueda seguir revelando. La verdad aparece como algo más que el saber, porque saber siempre se puede (los analistas decimos que ese saber está en el campo de lo imaginario), pero la palabra no puede decirlo todo. Por eso, solo se alcanza un saber. Saber del sujeto, del inconsciente, del psicoanálisis, de la ciencia. No la verdad. Pero además, hay un registro –que llamamos "lo Real"– que tiene que ver con lo que no puede nombrarse.

No existe una verdad única. Los paradigmas científicos lo demuestran todo el tiempo: saberes que se modifican de manera constante por saberes nuevos. Es decir, sin una verdad totalizada que pueda sostenerlos para siempre.

Los analistas intentamos que el paciente alcance algún saber posible sobre aquello que le pasa. Pero el saber y la verdad son dos cosas distintas. El saber es lo que alguien puede reconocer de su historia; en cambio, la verdad, en tanto que verdad total, está perdida. Siempre quedará algo oculto que escapará al lenguaje y al sentido. Y que no podrá nombrarse.

Entonces, si la verdad no existe, ¿qué existe?

Ese saber que nos inserta en la vida, que nos da la posibilidad de tener una ilusión aunque esa ilusión sea una mentira. Como en la primera etapa del amor.

Por eso, concibo la esperanza como una ilusión, entendida no como el acto de quedar a la espera de que ocurra algo, sino como una expectativa móvil vinculada al hacer. Hasta la ciencia tiene esperanzas de alcanzar un saber; de lo contrario no investigaría.

Dice Nietzsche: "Las verdades son ilusiones de las que se ha olvidado que lo son". Y en *Más allá del bien y del mal*, agrega: "Todo lo que es profundo ama la máscara; las cosas más profundas de todas sienten incluso odio por la imagen y el símbolo [...]. No es solo perfidia lo que se oculta detrás de una máscara, hay mucha bondad en la astucia".

En *La sociedad de la transparencia*, Byung-Chul Han toma la frase de Nietzsche y sostiene: "La astucia es más elástica, flexible, en cuanto mira a su alrededor y agota el respectivo potencial de la situación [...]. La violencia está más cerca de la verdad que de la astucia".

POSTAL 11

AUDITORIO NACIONAL DE LA CIUDAD DE MÉXICO, 1987

JOAN MANUEL SERRAT, GIRA DE *BIENAVENTURADOS*

Se abre el telón y aparece un hombre vestido con pantalones blancos y camisa color pastel.

Suenan los acordes de un piano. La música inunda el lugar y se escuchan miles de aplausos que lo ovacionan.

En medio del escenario, el hombre empieza a hablar. Y dice:

"Este tiempo y este mundo que nos tocó vivir, a mí me proporciona la sensación de estar viviendo en medio de misterios indescifrables.

Entre aquellas cosas que no me resultan misteriosas, descubro que muchas de ellas son absolutas insensateces. Mala compañía, digo yo, es lo que hay.

Una de estas cosas es el trato que se les da a los viejos.

Cuando uno ve cómo esta sociedad, es decir, nosotros, trata así a sus viejos, llega a aceptar que este eslogan de *se usa y se tira* le es tan aplicable al hombre como a un tampón o un envase no retornable.

Porque esta sociedad, o sea, nosotros, al hombre y a la mujer, después de sacarles todo el jugo, acostumbra a condenarlos al pacto del hambre, a humillarlos, arrinconarlos y abandonarlos.

Y esto no solo es una canallada; es mucho peor. Es una demostración palpable de la estupidez de esta sociedad. Porque aquellos que hoy se sienten jóvenes han de reconocer que con el transcurso del tiempo a lo más que pueden aspirar es a envejecer con dignidad, y difícilmente podrán hacerlo si los que hoy son jóvenes no ayudan a los que hoy son viejos a envejecer con esta dignidad.
Siempre me pareció estúpido y criminal quemar los libros, destruir los archivos, pisotear el conocimiento o despreciar la experiencia. Y esto es lo que esta sociedad, o sea, nosotros, hacemos cada día con los viejos".

Los aplausos estallan de nuevo. Y el hombre comienza a cantar la canción "escrita para esos niños que llegaron más lejos porque salieron antes".

6

LA VEJEZ

La tragedia de la vejez no es que uno sea viejo,
sino que uno es joven.

Oscar Wilde

Cuando tenía veinte años solía pagar los impuestos en un banco ubicado en la esquina de mi casa. Aunque había tres cobradores en las cajas, yo siempre me ocupaba de que me viera el que me hacía evitar la fila.

Una mañana de diciembre hacía mucho calor. Entré al banco y busqué a ese joven, como de costumbre. Había muchas personas mayores que esperaban el turno para cobrar sus haberes. Una anciana advirtió mis movimientos y empezó a mirarme fijo sin hablar. Apenas el hombre de la caja me hizo señas, me dijo: "Algún día te va a tocar a ti también".

No respondí. Bajé la cabeza. Y de inmediato apareció la imagen de mi abuela Sara –que ya había muerto–, que siempre iba a cobrar su pensión sola. Porque todo lo hacía sola. Me dolió el corazón. Me dolió recordarla muerta, pero más me dolió sospechar que, tal vez, una joven como yo la esquivó para pasar primero y generó que su turno –y el de todos los viejos– se demorara.

Aquel fue el último día que evité hacer la fila. La anciana que me habló jamás supo lo que sus palabras me provocaron, y supongo que tampoco imaginó que yo no la olvidaría.

Hoy, cada vez que entro a un banco, no solo la recuerdo, también le agradezco en silencio.

* * *

En *Historia de la vejez*, el historiador francés Georges Minois, se plantea:

"¿Cuándo se llega a viejo? ¿A los cincuenta y cinco años? ¿A los sesenta? ¿A los sesenta y cinco? ¿A los setenta? Nada más vacilante que los contornos de la vejez, complejo fisiológico-psicológico-social. ¿Tiene uno la edad de sus arterias, de su corazón, de su cerebro, de su moral o de su estado civil? ¿O es quizá la mirada de los demás la que nos define un día como viejos? El único rito de transición es contemporáneo y artificial: el paso a la jubilación, cuyo momento viene determinado más por obligaciones sociales que por la edad real".

Hace poco me topé con una película llamada *Uglies* (Los feos), que plantea una humanidad dividida, trescientos años en el futuro. Por un lado están las personas que lograron pasar por una operación que los convierte en hermosos y perfectos, cuyas vidas son aparentemente muy felices; por el otro, los feos, que viven enfrente y aguardan su turno para operarse segregados de los lujos y la alegría. Al cumplir dieciséis años, los jóvenes se someten a una cirugía estética que los transforma en bellezas, pero también les barre las emociones para dominarlos y así evitar que interfieran en los planes del sistema.

Uno de los detalles más llamativos es que no hay viejos en ese mundo.

La trama conmueve desde varios aspectos. Tal vez el más relevante tenga que ver con los avances de la tecnología moderna y el mandato social de esta época que impulsa a disimular –o suprimir– las faltas, lo que hace que el espectador pueda contemplar que un mundo sin viejos, donde todos son bellos y obtusos –o bellamente obtusos–, no pareciera tan descabellado. Ni tan distante.

"Serás lo que debas ser o no serás nada", dijo el general don José de San Martín aludiendo a un destino inevitable. Y si no ocurre una tragedia que lo interrumpa, el destino que nos marca la vida es la vejez.

Borges escribió: "Morir es haber nacido". Podemos parafrasearlo y decir que ser viejo es haber vivido.

El problema es que el destino que nos propone la vida hoy nos invita a borrar la subjetividad. Para ser aceptados, para que alguien nos reconozca, nos debe gustar lo que otros muestran, debemos decir aquello que los demás quieren, tenemos que disimular las arrugas y hacer lo que sea con el fin de lucir perfectos. Y felices. Es decir: somos devorados por el sistema *panóptico* que nos vigila y nos quiere estandarizados, autómatas y serenos para que no pensemos y entonces seamos un estorbo.

La era de hoy intenta la desaparición del ser.

Pero en el fondo, nos propone que no seamos distintos, que no nos permitamos la tristeza, que no actuemos de modo rupturista.

Sobre todo, nos invita a no ser viejos.

Los mecanismos digitales, los cánones de belleza, las contrataciones laborales, la moda, las nuevas formas del lenguaje; todo el armado de la cultura moderna expulsa a los viejos. Los deja afuera.

En una sociedad de consumo que pondera a las personas en función de su valor económico, se llama "viejismo" a la discriminación de la vejez basada en prejuicios culturales. Y esta discriminación, va más allá de simples actitudes o prejuicios. Se estructura en el funcionamiento de instituciones y sistemas sociales arraigados en ideas preconcebidas que asocian el envejecimiento con aspectos negativos, como la debilidad, la inactividad o la dependencia.

El viejismo es un término que alude al desarraigo. El viejo es el errante. El que migra hacia el otro lado de la vida que es la muerte, pero en la vida misma. O, lo que sería más preciso –y más perverso–: es quien se queda solo en su propia vida. Al margen de la vida. Para-vivo.

En su libro *La nueva vejez*, el historiador y psicoanalista argentino Pacho O'Donnell, dice:

"Otro motivo del viejismo es que rompemos la colectiva estrategia de negación de la muerte típica de la cultura occidental veneradora de la juventud. Porque la ancianidad amenaza con la muerte, la anuncia, la evidencia. Nos recuerda que todos vamos a morir a pesar de los esfuerzos por negarlo con liposucciones, tinturas o botox".

El viejismo se traduce en maltrato o abuso físico, psicológico o económico por parte de familiares, cuidadores o instituciones. La cultura en general es abusiva con los mayores. Para el mundo cruel de hoy, el viejo camina y piensa lento, no sabe, no entiende, ya no puede tener sexo, padece miedos, es incapaz de adaptarse a los cambios tecnológicos, no puede contribuir en el ámbito laboral, no encaja en la idea de belleza ni de fortaleza ni de potencia. Es una carga. Un desecho.

En el libro *Diario de la guerra del cerdo*, el escritor argentino Adolfo Bioy Casares imagina un mundo de jóvenes que sienten aversión por los viejos, en especial, porque saben que eso –ser viejo– será su destino. Entonces, los persiguen, los agreden y los matan.

La historia se centra en Vidal, un jubilado de sesenta años que debió criar un hijo solo debido a que la mujer lo abandonó. Hoy, vive en una pensión y se reúne con amigos en un café para jugar a las cartas de vez en cuando. El texto muestra la vida decrépita del hombre, la soledad afectiva y la condena social por ser viejo. Una condena que también le impone su propio hijo.

En un pasaje, el hijo está por recibir a un grupo de amigos.

Le dice:

–Lo mejor es que los muchachos no te encuentren aquí...

–¿Y tengo que dar vueltas por la calle mientras atiendes a tus amigos?

–¿Cómo se te ocurre? ¿Por la calle? No quiero que te pase nada.

–No puedo creer lo que estoy oyendo. ¿Pretendes que me esconda debajo de la cama?

–¿Cómo se te ocurre? Tengo una idea mejor. –Lo tomó de un brazo y lo llevó afuera–. No perdamos tiempo. En cualquier momento llegan.

–No me empujes. ¿Dónde vamos?

…

–Al desván.

…Empujado por su hijo, Vidal apresuradamente trepó la escalerita… Una vez arriba, entró gateando, porque el techo era muy bajo… El sitio no le parecía bien elegido. Como don Soldano, el mayorista de aves y huevos, lo usaba para depósito, estaba abarrotado de cajones sucios y malolientes. Con la luz apagada, la oscuridad resultaba intolerable… temblaba de frío, amén de que las tablas bajo su cuerpo eran demasiado duras".

Todo es duro para los viejos. Se les presume impotentes, cansados, aburridos, sin nada más para decir. Y como han perdido la energía vital de la juventud, están fuera de cualquier forma de erotismo. Las actividades de los jóvenes están prohibidas en la vida adulta. Incluso estar mezclados con ellos molesta. Porque la vejez molesta.

Los prejuicios relacionados a la vejez también influyen en la atención médica que reciben los mayores. En varios casos, se les atribuyen síntomas donde no los hay y se confunden los cambios naturales de un cuerpo derivados del envejecimiento con trastornos de salud, sin ninguna evaluación adecuada.

Sigue Pacho O'Donnell:

"El drama es que viejas y viejos "obedecemos" ese mandato del deterioro y descuidamos nuestro cuerpo y nuestra capacidad intelectual. No "somos" entonces un cuerpo sino que "arrastramos" un cuerpo de guardia en guardia, de consultorio en consultorio [...]. Confirmé que somos nosotros quienes abandonamos el cuerpo y que no es el cuerpo quien nos abandona a nosotros. Sus músculos, su vitalidad, su sensualidad están siempre allí a la espera de que les prestemos atención".

En algunas entrevistas alusivas al tema, lo escuché decir: "Culturalmente se transmite una imagen oscura de la vejez. Se supone que los viejos somos depresivos, aburridos, solitarios, enfermos, o decimos cosas que a los demás no les interesan. Y eso tiene que ver con un prejuicio instalado sobre la vejez como una tragedia. No es así. La vejez es un desafío, puede ser una edad activa, dinámica, creativa, erótica. Es una edad donde uno puede corregir la vida, un momento de pagar las deudas con uno mismo, aquello que no hiciste nunca porque no pudiste, no tuviste tiempo o te asustaste".

Me parece hermosa la idea de tener una etapa para "corregir la vida". Casi como si pudiéramos regresar al pasado sin volver el tiempo atrás, para hacer o decir aquello que no pudimos en algún momento.

El autor plantea la vejez como posibilidad, como un espacio habilitante para ser lo que tal vez no hemos podido ser antes, como un estado filosófico *spinoziano*. Porque, en general, no somos eso que alguna vez soñamos. Ni siquiera somos lo que Otros han soñado para nosotros. La mayoría de las veces, somos ilusiones rotas.

Ahora: si la vejez posibilita la reaparición de aquellas ilusiones juveniles o el armado de una ilusión nueva, ya sin la presión de esos Otros que nos apuntaban con el dedo para que hiciéramos lo que nos decían que había que hacer (¡goza y sufre!), entonces esta etapa tendrá un brillo distinto. Lejos de ser una edad oscura, se transformará en un desafío estimulante.

Mientras escribo, una vez más aparece Serrat y su canción "Llegar a viejo" que dice:

Si se llevasen el miedo
Y nos dejasen lo bailado
Para enfrentar el presente
Si se llegase entrenado
Y con ánimos suficientes
Y después de darlo todo
En justa correspondencia
Todo estuviese pagado
Y el carné de jubilado
Abriese todas las puertas
Quizá, llegar a viejo
Sería más llevadero
Más confortable
Más duradero
Si el ayer no se olvidase tan aprisa
Si tuviesen más cuidado en dónde pisan
Si se viviese entre amigos
Que, al menos, de vez en cuando
Pasasen una pelota
Si el cansancio y la derrota
No supiesen tan amargo
Si fuesen poniendo luces
En el camino, a medida
Que el corazón se acobarda
Y los ángeles de la guarda
Diesen señales de vida
Quizá, llegar a viejo

Sería más razonable
Más apacible
Más transitable
Ay, si la veteranía fuese un grado
Si no se llegase huérfano a ese trago
Si tuviese más ventajas
Y menos inconvenientes
Si el alma se apasionase
El cuerpo se alborotase
Y las piernas respondiesen
Y del pedazo de cielo
Reservado, para cuando
Toca entregar el equipo
Repartiesen anticipos
A los más necesitados
Quizá, llegar a viejo
Sería todo un progreso
Un buen remate
Un final con beso
En lugar de arrinconarlos en la historia
Convertidos en fantasmas con memoria
Si no estuviese tan oscuro
A la vuelta de la esquina
O simplemente, si todos
Entendiésemos que todos
Llevamos un viejo encima.

Si entendiéramos que todos llevamos un viejo encima, tal vez los miraríamos distinto. Tal vez nos pararíamos a escucharlos. Porque ser viejo no es ser alguien "de edad"; es ser alguien de todas las edades. Y eso significa más que la experiencia. Es llevar sobre los hombros aromas de infancia, las pasiones del adolescente y las controversias del adulto.

Ser viejo es tener emociones múltiples.

Si entendiéramos eso, tal vez respetaríamos los años sin dejar que gane la indiferencia o la brutalidad. Pero sobre todo, nos daríamos cuenta de que esos viejos que hoy apartamos de la vida, somos nosotros mismos dentro de dos minutos.

Dice Bioy Casares:

"En esta guerra los chicos matan por odio contra el viejo que van a ser [...].

A través de esta guerra (los jóvenes) entendieron de una manera íntima, dolorosa, que todo viejo es el futuro de algún joven. ¡De ellos mismos, tal vez! ... matar a un viejo equivale a suicidarse".

En la película *La tregua*, basada en una novela de Mario Benedetti, hay una escena en la que un hijo insulta a su padre.

El hombre le pregunta: "¿Por qué me odias tanto?".

El joven responde: "Porque tú eres un espejo que adelanta".

Para los jóvenes, un viejo es ese espejo que adelanta. Un espejo en el que proyectan su temor a la decadencia.

En definitiva: a la muerte.

Discriminación, olvidos, maltratos, agresiones, vergüenza; todos actos crueles que rodean la vida de los viejos. Esconder a un padre en el desván, aprovechar la belleza o la juventud para colarse en una fila, son una muestra.

La propia vejez es cruel. No necesita más crueldad de afuera. La degradación que producen los años, los dolores del cuerpo y la angustia por la cercanía de la muerte, hacen de esta etapa algo muy difícil. Si además los otros vuelcan su maldad contra los viejos, la tarea es casi imposible. Injusta. Feroz.

POSTAL 12

HISTORIA DE LA MUJER DEMASIADO HERMOSA

DEL LIBRO *CRÓNICAS DEL ÁNGEL GRIS*, DE ALEJANDRO DOLINA

En la calle Bacacay vive una mujer muy hermosa. Tan hermosa que no es posible describir su aspecto, pues quien alcanza a verla se muere. La mujer está triste y desesperada.

Todas las noches se sienta frente al espejo y pasa largas horas tratando de afearse con estuques y carmines. Pero no hay nada que hacerle: cada día está más linda y más sola.

Su hermana –dicen– no vale gran cosa y sin embargo tiene uno o quizá dos novios.

Los muchachos valientes de Flores juran que son capaces de desafiar a la muerte con tal de ver a la mujer demasiado hermosa. Pero siempre llaman a puertas equivocadas, donde los reciben señores vulgares o japoneses que no comprenden el idioma.

POSTAL 13

LOS MITOS Y LOS BELLOS

EL JUICIO DE PARIS

Durante la boda de Peleo y Tetis, Eris, la diosa de la discordia, ofendida por no haber sido invitada, arroja una manzana dorada con una inscripción: "Para la más hermosa". De inmediato, surge la controversia. Las diosas Hera, Atenea y Afrodita la reclaman. Para zanjar la disputa, Zeus le asigna a Paris, príncipe de Troya, el lugar de juez en este concurso de belleza. Cada diosa le ofrece un soborno: Hera le promete poder; Atenea, sabiduría; y Afrodita, el amor de la mujer más hermosa del mundo: Helena de Esparta. Paris elige a Afrodita. Una elección fatal. El poder de esa belleza da inicio a diez años de muerte y sufrimientos: la Guerra de Troya.

ECO Y NARCISO

La ninfa Eco se enamora de Narciso, un joven hermoso que desprecia a sus admiradores. Antes de su nacimiento, se había profetizado que el joven sería feliz siempre y cuando no se viera. Años después, el arrogante Narciso ve su imagen reflejada en las aguas del río y de inmediato queda enamorado de sí mismo. Mientras tanto, Eco, que solo puede repetir las palabras de otros, languidece de amor por él. En vano. Embelesado de amor, Narciso se arroja al río intentando poseerse. Y muere ahogado. Al poco tiempo, a orillas de ese río surge una flor hermosa a la que aún llaman, Narciso.

AFRODITA Y ADONIS

Adonis, un joven de hermosura extraordinaria, captura el corazón de Afrodita, la diosa del amor y la belleza. Pero también es objeto de la envidia de otros dioses, en especial de Ares, señor de la guerra, amante de Afrodita. Un día, mientras va de caza, Ares le manda un jabalí que lo hiere de muerte. Afrodita intenta salvarlo, pero no puede. En el mundo de los griegos ni siquiera los dioses pueden todo. Ante la pérdida, ella siente un dolor inmenso... pero los dioses siempre tienen revancha.

PERSÉFONE Y HADES

Perséfone, hija de Deméter y diosa de la primavera, es una joven hermosa que atrae la atención de Hades, dios del inframundo. Hades la rapta y se la lleva para convertirla en su esposa. Su madre queda devastada y le suplica a Zeus que se la devuelva. El príncipe del Olimpo le explica que no puede, porque la joven ahora habita en los reinos infernales de Hades. Enojada, Deméter suspende el crecimiento de las cosechas. Y el mundo se sumerge en una sequía total. Mueren las plantas y toda la hermosura. Para detener la hambruna y recuperar la belleza, Zeus le ruega que revea su postura. Finalmente, se llega a un acuerdo: Perséfone pasará parte del año en el inframundo y parte en la Tierra. Así, cuando está en los dominios de Hades, el mundo palidece. Es el tiempo del invierno. Pero cuando regresa a la Tierra, reaparecen las flores y la siembra. Es la época de la primavera y el verano. Donde vuelve la vida.

MEDUSA

Medusa, una sacerdotisa bella, es violada por Poseidón en el templo mismo de Atenea. Indignada por eso, la diosa le impone un castigo atroz: la transforma en un monstruo, que en lugar de cabello llevará un conjunto de serpientes. La belleza de Medusa, que atrajo antes la atención del dios, se convierte en su maldición. Ahora, cualquiera que la mire directamente, se transformará en piedra.

7

LA BELLEZA

Lo admirable es que el hombre
siga luchando y creando belleza
en medio de un mundo bárbaro y hostil.
ERNESTO SÁBATO

Cuando somos niños, los adultos nos enseñan el mundo y el amor. Muchas veces, ese amor se muestra idealizado –o bello– a través de la promesa de príncipes o princesas que de pronto aparecerán para rescatarnos de los lugares crueles, y nos harán felices. Promesas irreales que intentan paliar temores infantiles tan irreales como esas promesas.

Mi padre lo decía de este modo: "Un día va a venir un príncipe en su caballo blanco para llevarte a vivir con él".

Una ilusión antojadiza que ponía la vara muy alta para amar. Porque los reinados se agotan en los cuentos y además, porque los caballos y los carruajes ya no son de esta época. Es decir: las historias de amor poco tienen que ver con eso que nos contaron. O tal vez no…

Recuerdo los inviernos de aquel pueblo frío donde crecí. En aquel entonces, no existía la calefacción de hoy, solo había calentadores diminutos que no llegaban a templar la casa. Mamá solía traer varias cobijas y me arropaba antes de dormir. A veces, me contaba un cuento.

Era un momento mágico que compartíamos las dos. Pero, como toda magia, desaparecía pronto. Mi madre se iba a su cuarto y se llevaba con ella las promesas de sus cuentos. Y yo me quedaba sola.

Blancanieves era la historia que más me gustaba oír, tal vez porque empezaba en un invierno crudo, como esos que acompañaron mi niñez.

"Los copos de nieve caían del cielo como blancas plumas", iniciaba el relato. Y había una reina que cosía junto a una ventana, como mi abuela Sara, que tejía todas las tardes frente al jardín y a quien yo también consideraba mi reina.

Para mí –como para muchos niños–, hubo un tiempo en que la vejez era hermosa. Siempre es bella la etapa donde hay abuelas reinas y la vejez significa una mirada que se vuelve dulce cuando nos mira, o una palabra segura. Esa etapa donde los viejos huelen a flores, o a comida.

En aquel tiempo, mi abuela era la reina. Una reina que destroné con los años. No por su culpa. Ella jamás perdió su ternura. Tampoco por culpa de los años. Me distraje, me ocupé de cosas que no son importantes. Y no fui la única. Porque todos maltratamos al tiempo. Lo usamos para ser crueles. Sobre todo con los viejos.

Y el cuento seguía: "Nació una niña que era blanca como la nieve, roja como la sangre y de cabello negro como el ébano; y le pusieron por nombre Blancanieves. Pero al nacer ella, murió la reina. Un año más tarde el rey volvió a casarse. La nueva reina era muy bella y no podía sufrir que nadie la aventajase en hermosura. Tenía un espejo prodigioso, y cada vez que se miraba en él le preguntaba: 'Espejito en la pared, dime una cosa: ¿quién es de este país la más hermosa?'. Y el espejo le contestaba: 'Señora reina, tú eres la más hermosa'. Y ella quedaba satisfecha porque sabía que el espejo decía siempre la verdad".

La madrastra jugaba su narcisismo en el espejo mágico y buscaba la seguridad en función de la belleza, tal como Narciso se jugó el amor por la hermosura de sí mismo en las aguas de un río hasta encontrar la muerte.

Hay quienes se sienten amenazados por el crecimiento y la independencia de sus hijos. Tal vez, porque en ese crecimiento intuyen la llegada de su propia vejez. Esta amenaza puede teñir las relaciones familiares de mucha crueldad.

Tal es así, que cuando Blancanieves creció y se convirtió en una belleza, un día la reina le consultó al espejo, que jamás mentía, y el espejo le dijo: "Señora reina, tú eres como una estrella, pero Blancanieves es mil veces más bella". Y la mujer enloqueció de envidia porque había perdido su reinado narcisista. Y se llenó de odio.

Debía exterminar a la competencia. Entonces ordenó a un cazador que se llevara lejos a la niña y la matara. El hombre la vio tan hermosa que se apiadó de ella y la dejó libre en medio del bosque, pero le llevó a la reina el hígado y los pulmones de un animal, que luego ella devoró complacida creyendo que comía los restos de la niña. Mientras tanto, Blancanieves encontró una casa diminuta y se quedó a vivir con siete enanitos que la protegieron.

La reina, convencida de que Blancanieves había muerto, volvió a preguntarle a su espejo quién era la más hermosa. Y el espejo le contó la verdad. La niña estaba viva y seguía siendo la más bella. La reina se enfureció, llegó hasta la casa de los enanos e intentó engañarla un par de veces sin éxito. Pero la tercera, lo logró. Le entregó una manzana envenenada y Blancanieves cayó muerta. Al fin, consiguió que el espejo dijera lo que tanto quería: "Señora reina, tú eres la más hermosa en todo el país. Solo entonces se aquietó su envidioso corazón, suponiendo que un corazón envidioso pueda aquietarse", concluyó el autor.

Lo que sigue tiene que ver con el rescate, con el amor idílico que nos devuelve lo perdido, incluso la vida misma; con aquel príncipe del que hablaba mi padre.

"Sucedió que un príncipe que se había metido en el bosque se dirigió a la casa de los enanitos para pasar la noche. Vio en la montaña el ataúd que contenía a la hermosa Blancanieves y dijo a los enanos: 'Denme el ataúd, les pagaré lo que me pidan… pues ya no podré vivir sin ver a Blancanieves'".

Los enanos sintieron compasión por él y le regalaron el féretro. En el camino de regreso, quienes lo trasportaban se tropezaron y de pronto saltó del cuello de Blancanieves el pedazo de la manzana envenenada. Entonces la muchacha abrió los ojos. Así, volvió a la vida y se casó con su príncipe y vivió junto a él en un castillo.

La madrastra fue invitada a la fiesta. Antes de salir le preguntó al espejo quién era la más hermosa. En ese momento, el espejo le habló de una reina joven que era mucho más bella.

"La malvada mujer soltó una palabrota… Su primer propósito fue no ir a la boda, pero la inquietud la roía, y no pudo resistir el deseo de ver a aquella joven reina. Al entrar en el salón reconoció a Blancanieves, y fue tal su espanto y pasmo que se quedó clavada en el suelo sin poder moverse. Pero habían puesto al fuego unas zapatillas de hierro y estaban incandescentes. Tomándolas con tenazas, la obligaron a ponérselas y hubo de bailar con ellas hasta que cayó muerta".

¿Quiénes la obligaron a soportar esa tortura? ¿La dulce Blancanieves? ¿El príncipe redentor? ¿Es posible, entonces, que incluso en el amor haya lugar para la venganza y la crueldad?

El tema central del cuento pareciera ser el miedo de la reina a que Blancanieves la superara en belleza. Pero hay mucho más.

En principio, podemos suponer que permite que los niños perciban que no solo ellos sienten celos de sus padres, sino que los padres también pueden sentir lo mismo con relación a sus hijos. Celos o envidia porque los hijos son más jóvenes, más bellos, más ágiles, y eso los hace estar vigentes.

A su vez, la historia muestra las secuelas –y los castigos– que se originan por vivir atado a emociones hostiles.

Bruno Bettelheim asocia los mitos clásicos con los cuentos de hadas y con todo el proceso edípico que se atraviesa en la infancia.

Dice: "Esta serie de mitos [...] empieza con Tántalo que, como amigo de los dioses, intenta comprobar si es verdad que estos lo saben todo, haciendo matar a su hijo Pélope y sirviéndolo en una cena para los dioses (tal como detallamos en el capítulo uno). La reina de Blancanieves, ordena que maten a su hija (hijastra) y se come lo que cree que es parte de su cuerpo. El mito nos dice que la mala acción de Tántalo fue provocada por su vanidad, la misma causa que impulsa a la reina a cometer su villanía. Esta, que quería ser siempre la más bella, es castigada a bailar con unos zapatos al rojo vivo hasta morir. Tántalo, que intentaba engañar a los dioses dándoles el cuerpo de su hijo para comer, es castigado a sufrir (hambre) eternamente [...]. Así pues, el castigo es adecuado al crimen cometido, tanto en el mito como en el cuento de hadas. En ninguna de las dos historias significa la muerte el final de la vida, puesto que los dioses resucitan a Pélope y Blancanieves recupera el conocimiento. La muerte es más bien un símbolo de que se desea que una persona desaparezca, lo mismo que un niño en el período edípico que no quiere que su progenitor muera de verdad sino solo que desaparezca del camino que le lleva a conseguir la atención del otro progenitor [...].

La historia de Blancanieves nos previene de las fatales consecuencias que puede acarrear el narcisismo [...]. El narcisismo de Blancanieves llega casi a destruirla cuando cede por dos veces consecutivas a las trampas que la reina le tiende para hacerla parecer todavía más hermosa; mientras que la reina acaba por ser destruida por su propio narcisismo".

Como ya señalamos, la mitología cuenta que Narciso, un joven hermoso, vio su rostro reflejado en un río y quedó sentenciado a amarse para siempre. "Desdichado yo que no puedo separarme de mí mismo. A mí me pueden amar otros, pero yo no puedo amar".

La pasión que sentía por él lo consumió del tal modo, que un día quiso abrazar su imagen y se arrojó a las aguas, donde encontró la muerte.

Desde el psicoanálisis, sabemos que el Yo no es una instancia psíquica presente desde el nacimiento. El sujeto deberá construirlo a través de un proceso. Al nacer, el bebé es una suma de zonas erógenas; bordes del cuerpo por los que se conecta con el mundo: la boca o el ano, por ejemplo. Es la fase que llamamos "autoerotismo". Un momento en que cada una de esas zonas se satisface de manera independiente. La etapa de los objetos parciales: el pecho o las heces. El narcisismo es el acto psíquico que permite constituir ya no a un objeto parcial (el pecho de la madre, por ejemplo) sino a un objeto total. Y ese primer objeto total que el ser humano puede *libidinizar* es a sí mismo. Solo a partir de ese momento, la libido (el amor) estará disponible para ser proyectada en alguien diferente a nosotros. Suele decirse que nadie puede amar a otros si no es capaz de amarse a sí mismo. Más allá del lugar común, de cierto facilismo, es cierto.

Jacques Lacan relaciona ese momento de la formación del Yo con una experiencia denominada "Estadio del espejo". El Yo se define –se forma– en un momento, y este acto psíquico se da en el *estadio del espejo*. No es algo innato, como suscriben otras teorías psicológicas que suponen un yo rudimentario.

Así como Freud sostuvo que entre el autoerotismo y la relación de objeto se da la etapa del narcisismo donde se constituye el Yo, Lacan hablará del "estadio del espejo" (como metáfora de la mirada materna) "tal como se nos revela en la experiencia analítica". ¿Y cómo se revela? Como una función de desconocimiento. En este sentido, el Yo en análisis se presenta resistiendo, no quiere saber, porque saber acerca del deseo lo angustia.

Lacan se opone al *cógito* cartesiano porque en realidad, cuando el sujeto habla, lo hace desde un Yo que no sabe qué desea; solo de vez en cuando aparece el saber inconsciente a través de fallidos o síntomas, por ejemplo.

Descartes sostuvo que podía dudar de todo, incluso de la existencia de Dios. Pero no podía dudar de que estaba dudando, es decir, que pensaba: "pienso, luego existo". Si pienso, soy.

Lacan dirá: donde pienso, no soy. El Yo no quiere –no puede– conocer (su deseo). Y mientras que el conocimiento es consciente, viene dado desde afuera; el saber es inconsciente, se produce al hablar, al actuar, al soñar, en la manera en que cada sujeto ama o sufre.

Volvamos al Estadio del espejo, el concepto que describe la fase del desarrollo psíquico comprendida entre los seis y dieciocho meses de vida.

A los seis meses, el niño reconoce su imagen en el espejo y reacciona con júbilo, ríe, se agita, hay una mímica, una vivencia del "ajá", "me di cuenta". Esto lo hace feliz porque percibe una unidad y cree tener un dominio de su cuerpo que aún no tiene. Al finalizar esta etapa, a los dieciocho meses, el niño incorpora esa imagen como su Yo, es decir: asume que esa imagen que le devuelve el espejo es su imagen. Las pulsiones, esa energía que en la etapa del autoerotismo era caótica, ahora se ordenan. El Yo las ordena y les impone un límite. Por eso, este estadio (momento) del espejo, configura la estructura del mundo humano, donde el chico se identifica con esa imagen que le viene de afuera a partir de la mirada de la madre y el reconocimiento de los demás, y de esa manera constituye su Yo. Se trata de un momento casi paranoico porque es un conocimiento de sí mismo pero que llega desde afuera. Es el Otro, los Otros, quienes dan al cuerpo su forma total y de ese modo otorgan al sujeto una sensación de unidad y un dominio imaginario de su cuerpo antes de tener el dominio real.

Hablar de cuerpos imaginarios y reales nos lleva a preguntarnos por los modelos aceptados y rechazados de la actualidad, por el emblema de belleza o de exitismo que persigue la época y que, sin que nos demos cuenta, nos ultraja los sueños y "cualquier proyecto de felicidad posible".

La sustancia, una película protagonizada por Demi Moore, cuenta acerca de una mujer de cincuenta años que ha sido la estrella de un programa televisivo durante décadas, pero hoy es considerada vieja para la industria porque ya no cumple con las expectativas del sistema. Por eso, la despiden.

El jefe le dice: "La gente siempre pide algo nuevo, es inevitable. Y a los cincuenta, bueno... se detiene".

A pesar de quedar desolada, de pronto, aparece la posibilidad de inyectarse una sustancia que logrará modificar su ADN y extraer de su cuerpo a otra persona, más joven y más bella. La mujer se arriesga y acepta el desafío. A partir de ese momento, se siente mal, cae al piso, su espalda se abre por el medio y, como si estuviera pariéndose a sí misma, surge una especie de doble. Sin embargo, esa otra que emerge de su interior no es igual a ella; es una joven bellísima con la que tendrá que alternar la vida cada siete días. Mientras una esté despierta –viviendo–, la otra deberá permanecer dormida.

"¿Alguna vez has soñado con una mejor versión de ti? Más joven, más hermosa, más perfecta", es el lema de la invitación.

La empresa dueña del proyecto no se ve. Solo hay un número de teléfono donde atiende una voz que da indicaciones escuetas. Es decir que no existe ni un nombre, ni un lugar, ni personas jurídicas que se hagan responsables.

Así, la joven "recién nacida" logra tomar el antiguo lugar de la mujer en el show y empieza a tener éxito (de nuevo). Pero a la semana debe cambiar de posición y permanecer dormida, para que la mujer vuelva a la vida con los mismos cincuenta años, aunque con más soledad y más angustia cada vez.

Sucede que, a medida que avanza el tiempo, la joven se permite algunas modificaciones en el procedimiento para extender la etapa en la que está despierta. Pero esa transgresión tiene consecuencias. Por eso, cuando le toca despertar a la mujer, se ve cada vez más arrugada debido a esos cambios. Decide reclamar a "la empresa" una resolución para ajustar la dosis y volver a lucir como al inicio. Una voz en el teléfono le contesta que es imposible. Ellas debían actuar como si fueran "una sola" y respetar los tiempos de cada una. Y no lo hicieron. Ahora no se puede volver atrás. Aunque sí puede interrumpir el proceso y hacer que su doble –¡la joven que no es ella!– desaparezca.

Lo alarmante es que, a pesar de estar cada vez más vieja, de permanecer dormida una semana por medio, de tener que seguir aislada de la vida, la mujer solo necesita sentir que continúa vigente dentro del sistema, aunque ya no interactúe –ni viva– en él. Por eso, se niega a la interrupción. Y termina muerta.

La película ridiculiza una propuesta que comienza de modo muy audaz y finaliza de manera repugnante. Y eso repugnante, que aparece des-velado, sin revoque, es precisamente lo que propone esta época: la búsqueda desesperada de la belleza, la juventud, la vigencia, en un sistema perverso que empuja a jugarse la vida a cualquier precio. A tal punto, que ubica al ser humano en un lugar ridículo, doloroso. Y cruel.

Y esto, lo vemos todos los días. Basta con mirar alrededor o abrir las aplicaciones de los dispositivos digitales, y encontraremos caras deformadas por el mal uso de los tratamientos estéticos o por el abuso de los filtros que distorsionan la imagen. Unos u otros, deforman, planchan, modifican las facciones y la gestualidad, ridiculizan. Son cuerpos absorbidos por la cosificación y la sepultura de lo eminentemente humano. Se establece lo perfecto como valor fálico, como aquello que se debe alcanzar para *ser en el mundo*. Debemos ser sin fallas –sin faltas–, eso que luego deviene ominoso porque no tiene velos que cubran la vergüenza.

En el libro, *La salvación de lo bello*, Byung-Chul Han se refiere a "lo pulido". Y dice: "Lo pulido, pulcro, liso e impecable es la seña de identidad de la época actual. Es en lo que coinciden las esculturas de Jeff Koons, los iPhone y la depilación brasileña [...]. Lo pulido e impecable no daña. Tampoco ofrece ninguna resistencia. Sonsaca los 'me gusta'... El mundo de lo pulido es un mundo de hedonismo, un mundo de pura positividad en el que no hay ningún dolor, ninguna herida, ninguna culpa [...]. Hoy, lo bello mismo resulta satinado cuando se le quita toda negatividad, toda forma de conmoción y vulneración.

[...]

Hoy, la industria del entretenimiento explota lo feo y lo asqueroso. Los hacen consumibles. En un principio, el asco era un 'estado de excepción, una crisis aguda de autoafirmación frente a una alteridad inasimilable, un espasmo y un combate en el que se decide, literalmente, el ser o el no ser'. Lo asqueroso es lo inconsumible por excelencia [...]. Lo repugnante que hoy se ofrece en los *reality shows* de 'supervivencia' carece de toda negatividad que pudiera desencadenar una crisis existencial. Se le satina convirtiéndolo en formato de consumo [...]. La sociedad actual, obsesionada por la limpieza y la higiene, es una sociedad positiva que siente asco ante cualquier forma de negatividad [...]. A la luz de la razón higiénica, también toda ambivalencia y todo secreto se perciben como sucios".

En *Tres ensayos de una teoría sexual*, Freud dice que, así como existen diques que regulan y contienen el desborde del agua, también existen diques psíquicos que contienen e inhiben el empuje (Drang) de la pulsión sexual y la subliman. Es decir, obligan a que el sujeto desvíe esa energía de su fin inicial hacia otra meta de satisfacción culturalmente aceptada. Esos diques son el asco, la vergüenza y los reclamos ideales basados en lo estético y lo moral, que le ponen un freno a esa energía pulsional desbordante.

Lo asqueroso "es lo inconsumible por excelencia", aquello que no se puede consumir. Sin embargo, los tiempos modernos han decidido levantar los antiguos diques y, tal como señala Byung-Chul Han, hoy la industria del entretenimiento hace consumible incluso lo repugnante. "Se le satina convirtiéndolo en formato de consumo". Y cualquier intento de controlar el desenfreno de las pulsiones humanas, tiende a destruirse o es tildado de arrebato contra la libertad.

El *reality* de *Big Brother* lo revela muy bien. Se escucha y se ve todo. Para eso está. El espectador puede disfrutar no solo de la experiencia sexual que otros muestran sin pudor frente a millones, sino también cómo babean al dormir o de qué manera van al baño. Porque no se trata de una ficción con reglas de juego actoral. No. Es la vida puesta sobre el cristal que exhibe los cuerpos y sus pulsiones sin diques, es decir: en el *más allá del placer*.

Las agresiones en las redes sociales son otro ejemplo. Se puede decir cualquier cosa de una persona, el agresor ni siquiera tiene el deber de poner su rostro o su nombre –su firma– y hacerse responsable de lo que dice o de lo que causa. Hay permiso para destruir vidas ajenas bajo el manto de la anomia. Y tras la premisa de la "transparencia" aparece lo brutal, como otra cara de la barbarie.

El sistema ha invertido las cualidades de los diques neuróticos. Ya no están el asco, la vergüenza o los modelos estéticos al servicio del límite; ahora existe "la sociedad positiva que siente asco ante cualquier forma de negatividad". Una sociedad sinvergüenza.

Hasta las bondades de "lo secreto" son percibidas como algo turbio. Es decir que, "a la luz de la razón higiénica" y siguiendo con el planteamiento que hemos desarrollado en el capítulo cinco acerca de la verdad, podríamos pensar que no debemos inventarles cuentos mágicos a los niños, ni esperar el momento oportuno para hablar con ellos de un suicidio, ni dejar en suspenso alguna realidad dolorosa que por fuerza de la represión no se recuerde, ni mitigar una situación hiriente con el fin de evitar más dolor. Eso se considera ambivalente, negativo y sucio.

Desde este lugar, el acceso a la belleza perfecta, a lo pulido, lo liso, lo hegemónico –como le gusta decir al lenguaje moderno–, se traduce en una búsqueda infinita que promueve insatisfacción y frustraciones permanentes. Es el encuentro directo con lo imposible, motorizado por una crueldad arrolladora.

Aunque, en rigor, el emblema de "lo pulido" no empieza con lo tecnológico; en todo caso, la tecnología actual lo agrava, lo satina más. Ya los griegos hablaban de la proporción aurea para que algo se considere equilibrado, perfecto y bello. Y no fueron los únicos.

La autora María Elena Walsh, por ejemplo, lo formuló en el año 1963, en su canción infantil "Manuelita, la tortuga", con una letra que tal vez se dirigía más a los adultos que a los niños.

Manuelita vivía en Pehuajó
Pero un día se marchó
Nadie supo bien por qué
A París ella se fue
Un poquito caminando
Y otro poquitito a pie
Manuelita, Manuelita
Manuelita a dónde vas
Con tu traje de malaquita

Y tu paso tan audaz
Manuelita una vez se enamoró
De un tortugo que pasó
Dijo: ¿qué podré yo hacer?
Vieja no me va a querer
En Europa y con paciencia
Me podrán embellecer
Manuelita, Manuelita
Manuelita a dónde vas
Con tu traje de malaquita
Y tu paso tan audaz
En la tintorería de París
La pintaron con barniz
La plancharon en francés
Del derecho y del revés
Le pusieron peluquita
Y botines en los pies
Manuelita, Manuelita
Manuelita a dónde vas
Con tu traje de malaquita
Y tu paso tan audaz
Tantos años tardó en cruzar el mar
Que allí se volvió a arrugar
Y por eso regresó
Vieja como se marchó
A buscar a su tortugo
Que la espera en Pehuajó
Manuelita, Manuelita
Manuelita a dónde vas
Con tu traje de malaquita
Y tu paso tan audaz

La tortuga se enamoró y sospechó que no la iban a querer porque era vieja. Entonces imaginó que podrían dejarla hermosa –y queri-ble– en París. Claro que una de las capitales más bellas del mundo la convertiría en una belleza.

Así, en la tintorería de París la pintan con barniz, la planchan entera, del derecho y del revés, es decir: ¡la dejan lisa! La satinan, le quitan "toda negatividad, toda forma de conmoción y vulneración" para que pueda ser joven y amada.

Pero los años en el mar –la vida misma– la vuelven a arrugar. Y al regresar a su pueblo, siendo vieja de nuevo, tal como se marchó, descubre que el *tortugo* la esperaba en Pehuajó.

Es al final del cuento, y luego de pasar por un conflicto emocional atroz, donde se establece que la belleza planchada, sin costuras, es la única posibilidad que existe para ser aceptado, la canción muestra que el amor se trata de otra cosa.

Las planchas de hoy son los láseres de la medicina estética que llagan la piel, las intervenciones invasivas, los rellenos prohibidos que terminan metidos en nuestros riñones, los filtros exagerados de las redes sociales que apuntan a borrar lo imperfecto; todo lo estandarizado y aquello que nos roba cualquier rastro de humanidad. El mundo moderno invita a la despersonalización, a perdernos. Y a morir en ese estado de perdición.

El Señor N. viene a mi consultorio una semana después de haber enterrado a su mamá. Se le ve triste. Lo primero que pronuncia es: "Murió con el pelo planchado". Le pregunto qué quiere decir con eso. Contesta: "No es una metáfora, es la verdad. En lugar de llegar a tiempo al cumpleaños de su nieto, prefirió ir a plancharse el pelo. Se perdió la fiesta de mi hijo y al día siguiente le dio un infarto. ¿Te das cuenta de que cambió al nieto por el peluquero?", agrega con la voz quebrada. "Lo que me preocupa

–sigue– es que mi hija tiene quince años y hace lo mismo. Todas las tardes se pasa horas en el baño para alisarse los rizos. Si no, al día siguiente no quiere ir a la escuela. Ni a ningún lado. Y a veces, se pierde muchas cosas".

Hacía treinta años que la madre de N. se planchaba el pelo dos veces por semana en el mismo lugar. Era parte de su vida, no podía faltar. Jamás se mostraba de otra forma ante la gente. Eso le provocaba crisis en los viajes, dificultad para socializar, ausencias en eventos familiares y la pérdida de momentos únicos. Todo, para vivir –y morir– "con el pelo planchado". Y hoy, la nieta, identificada con la exigencia de ese modelo de belleza, actuaba igual. Y no solo se perdía la vida, se estaba perdiendo a sí misma.

Hace algunas décadas, las mujeres solían depilarse por completo las cejas y luego remarcaban el surco que dejaba la falta de pelos con un lápiz delineador. Tanto mi madre como su madre tenían cejas pintadas.

Una de las noches que pasé en casa de mi abuela, siendo yo todavía pequeña, me dio una indicación: "Cuando me muera, antes de que me lleven al cajón, píntame las cejas. No me dejes ir con las cejas despintadas".

Creo que la imagen de mi abuela muerta, aunque fuera con cejas, debió de haberme angustiado mucho. Tal vez, esa angustia me generó la necesidad de otorgarle el compromiso que reclamaba. Por eso, de inmediato le dije: "Te lo prometo", sin entender que su pedido me estaba enseñando que ni siquiera un cadáver podía tener defectos.

Ella murió cuarenta años después. Aunque yo no estaba en el país, pude llegar al entierro. Pero no había cumplido mi promesa. Me desesperé. Le rogué al encargado del cementerio que me permitiera un minuto a solas con el cajón abierto. Claro que no podía confesarle que necesitaba pintarle las cejas, porque el hombre hubiera dudado de mi sanidad. Le dije que quería abrazarla, darle el último beso, decirle que la quería. A pesar de mi insistencia, se negó. No se podía abrir el ataúd. Y el cadáver de mi abuela se fue con defectos.

A partir de ese día me di cuenta de que es prematuro e irresponsable exigirle a una niña tanto esfuerzo. De cualquier modo, la culpa por haber quebrado mi promesa tuvo un lugar preponderante en la elaboración de mi duelo.

Es sabido que en China existió una práctica denominada "pies de loto", que consistía en vendar los pies de las mujeres a una edad temprana. Comenzó durante la dinastía Song, en el siglo X, y se mantuvo durante casi mil años. La tradición afectó principalmente a las niñas de clase social alta.

El vendado de los pies comenzaba cuando tenían entre cuatro y nueve años. Las madres los envolvían con telas ajustadas, doblaban los dedos hacia abajo y presionaban el arco de pie. El proceso les rompía los huesos, pero aseguraba pies curvados, pequeños y deformes. A partir de ese momento, las mujeres caminaban con dificultad y soportaban dolores durante toda su vida.

Los pies fracturados de las niñas requerían cuidados especiales. Les quitaban las vendas regularmente para lavarlos, buscar heridas o cortar las uñas largas que causaban dolor. A veces, las uñas se extraían enteras para evitar infecciones. Luego, los dedos rotos eran plegados de nuevo bajo el pie y se repetía el vendaje.

A las que tenían dedos carnosos, les dejaban trozos de vidrios o tejas en el vendaje para producir cortes e infección deliberada, lo que podía generar la muerte por shock séptico. Las niñas que lograban sobrevivir, igual podían sufrir complicaciones a medida que iban creciendo por los eventuales daños en órganos internos. Las mujeres adultas, por su parte, tenían más probabilidad de quebrarse las caderas debido a las caídas, dado que caminaban de manera inestable y les costaba ponerse de pie.

Los pies vendados eran considerados muy eróticos en China. No solo como símbolo de belleza, también se volvieron requisito para encontrar esposo y fueron una oportunidad para las mujeres pobres que podían casarse con el fin de mejorar su estatus. Así, la mujer se convertía en un símbolo de castidad y propiedad del hombre y quedaba restringida al hogar.

Sin embargo, algunos maridos preferían no ver los "pies de loto" desnudos de su esposa. Los hombres comprendían que la belleza erótica de los pies vendados no se correspondía con su desagradable realidad física o –en algunos casos– con su mal olor. Por eso, debían mantenerse ocultos para lograr sostener la fantasía.

El vendado de pies comenzó a declinar a principios del siglo XX con el surgimiento de algunos movimientos feministas y la influencia de ideas occidentales. En 1912, con la creación de la República de China, se prohibió oficialmente. Sin embargo, la práctica continuó en áreas rurales durante algunas décadas más. Las campañas de educación y los cambios culturales pusieron fin a una tradición que influyó en la vida de millones de mujeres y reflejó cómo los estándares de belleza pueden llevar a prácticas extremas, dolorosas y crueles para mantener el estatus.

Es decir que, para ser alguien, había que sufrir hasta quebrase los huesos y empeñar el equilibrio físico y psíquico. De lo contario, las mujeres se quedaban fuera de las aspiraciones impuestas por la época.

Romper los pies de las niñas para deformarlos con el fin de entrar al erotismo o ascender en la escala social parece tan extremo como no poder abrazar a un nieto sin haberse planchado el pelo, o pedirle a una niña de ocho años que pinte nuestro cadáver.

Ni los "pies de loto" ni los alisados ni los muertos con las cejas marcadas tienen que ver con la belleza. Como tampoco es bella la propuesta del mundo moderno que pretende domesticarnos en una cultura estandarizada donde, si no estamos alineados al ojo informático, no somos nada.

Byung-Chul Han nos recuerda: "Lo bello es un escondrijo. A la belleza le resulta esencial el ocultamiento. La transparencia se lleva mal con la belleza [...]. La belleza es necesariamente una apariencia. De ella es propia una opacidad. Opaco significa 'sombreado'. El desvelamiento la desencanta y la destruye [...]. La belleza narra. Al igual que la verdad, es un acontecimiento narrativo [...]. La comunicación como intercambio de informaciones no narra nada. Se limita a contar".

Y más adelante, se pregunta: "¿Por qué hoy en día gusta tanto 'lo pulido'? Porque no daña, no ofrece resistencia. Lo bello digital constituye el espacio de lo igual, que no tolera ninguna extrañeza, ninguna alteridad, ninguna negatividad. Lo bello natural se ha atrofiado en lo bello digital, convertido en objeto del 'me gusta', algo arbitrario y placentero que se mide por su inmediatez y su valor de consumo... La belleza no es un brillo momentáneo ni se le encuentra en un contacto inmediato; alumbra en silencio, a través de rodeos; acontece como reencuentro y reconocimiento".

La belleza se encuentra en el asombro. Es el vaivén, algo que va y viene, que aparece y se oculta, como el inconsciente.

LO FEO

El Señor G. está frente a mí en silencio. Llegó al consultorio hace unos minutos y todavía no puede hablar. Hace unos meses sospecha de su novia. Intuyo que el enojo que aparece en sus facciones tiene que ver con eso.

"No me equivoqué, o sí...", dice y levanta las cejas. Decido no preguntar para darle tiempo. "La descubrí, me está engañando". Se inclina hacia adelante, apoya los codos en sus rodillas y se toma la frente. "Pero, ¿sabes con quién? –me pregunta mirando el piso–. Con Juan".

Juan es amigo íntimo de G. Y además es su socio en una veterinaria que armaron juntos hace diez años, apenas se recibieron.

"Estuve toda la noche sin dormir –continúa–. Yo me imaginaba que ella me estaba engañando, puede pasar, las parejas se engañan. Pero ¡mi amigo! Un amigo no te puede engañar. Eso no se hace. Es una falta de ética".

"No –le digo–. No es una falta de ética, en todo caso, es una falta de estética. Queda feo".

En el libro, *Historia de la fealdad*, el filósofo Umberto Eco explora cómo se ha representado lo desagradable en diferentes culturas y épocas.

"A lo largo de los siglos, filósofos y artistas han ido proporcionando definiciones de lo bello, y gracias a sus testimonios se ha podido reconstruir una historia de las ideas estéticas a través de los tiempos. No ha ocurrido lo mismo con lo feo, que casi siempre se ha definido por oposición a lo bello [...]. No obstante, la historia de la fealdad tiene algunos rasgos en común con la historia de la belleza. Ante todo, tan solo podemos suponer que los gustos de las personas corrientes se correspondieran de algún modo con los gustos de los artistas de su época. Si un visitante llegado del espacio acudiera a una galería de arte contemporáneo, viera rostros femeninos pintados por Picasso y oyera que los visitantes los consideran "bellos", podría creer erróneamente que en la realidad cotidiana los hombres de nuestro tiempo consideran bellas y deseables a las criaturas femeninas con un rostro similar al representado por el pintor [...]. El oído de los antiguos percibía que ciertos intervalos musicales eran disonantes y los consideraba desagradables, y el ejemplo clásico de fealdad musical ha sido durante siglos el intervalo de cuarta aumentada [...]. En la Edad Media esta disonancia resultaba tan perturbadora que recibía el nombre de *diabolus in musica* [el diablo en la música]. Sin embargo, los psicólogos han explicado que las disonancias tienen un poder excitante, y muchos músicos, a partir del siglo XIII, las han utilizado para producir determinados efectos en un contexto apropiado. De modo que el *diabolus* ha servido a menudo para obtener efectos de tensión o de inestabilidad que esperan una resolución [...]. El caso del *diabolus in musica* podría ser un excelente ejemplo final para esta historia de la fealdad, porque nos sugiere algunas reflexiones [...]. La fealdad depende de las épocas y de las culturas, lo que era inaceptable ayer puede convertirse en lo aceptado de mañana, y lo que se considera feo puede contribuir, en un contexto adecuado, a la belleza del conjunto".

Es evidente que nadie desearía tener el rostro "bello" de los personajes de las obras de Picasso. Si nos encontráramos con alguien así, seguro nos espantaría. ¿Qué es, entonces, lo que atrae de esos cuadros?

Tal vez, como en el caso del intervalo diabólico en la música, sea la tensión, la inestabilidad, el desequilibrio momentáneo que generan. Una tensión que exige la descarga. Y cuando esa descarga llega, como el acorde dominante que cae en el descanso de la "tónica", en general reaparece la calma.

¿Pero es lícito pensar que lo bello es el desenlace y lo feo el camino de tensión creciente que suscita el alivio? ¿No será que el desenlace requiere de la incomodidad o, por qué no, del malestar que lo precede?

Pienso en esas figuras de Picasso o en los acordes disonantes que perturban, así como el rostro de alguien que nos parece "raro" o un olor desconocido que nos resulta "feo", que a veces incomodan y nos convocan a resolver el aumento de tensión psíquica para recuperar el equilibrio. En el mejor de los casos, cruzamos de vereda;

un acto simple –y cruel– que humilla al "raro" o al "feo" que tiene "mal olor".

El problema es que en otros casos, desatamos una crueldad más evidente.

Entonces, la crueldad es una manera destructiva que busca recuperar ese equilibrio perdido. La paradoja es que solo consigue aumentar la exigencia pulsional hasta provocar daño. Un daño que puede proyectarse a los demás o volverse sobre nosotros. En contra de nosotros. De eso hablamos cuando aludimos a la pulsión de muerte.

Las palabras tienen un sentido y un valor. Pero cada palabra encuentra su valor por lo que no es. "Alto", lo encuentra por oposición a "bajo"; "amor", por oposición a "odio". Aunque la carga psíquica que se pone en juego para amar pareciera similar a la que ponemos en juego para odiar. De cualquier modo, las palabras necesitan sus antónimos para encontrar un sentido. Es acá donde lo supuestamente "feo" es indispensable para la percepción de lo "bello". Tal vez por eso, por el carácter inseparable de estos términos, la crueldad avasalla tanto a uno como a otro.

Sigue Eco: "Con el Renacimiento lo obsceno entra en una nueva fase. No solo en las representaciones de cuerpos humanos los atributos sexuales ya no se contemplan como motivo de escándalo [...], sino que [...] la exaltación de actos antes innombrables [...] penetra en las cortes, incluida la pontificia, y ya no se entiende como algo desagradable sino como una arrogante e impúdica invitación al goce [...]. Al pretender representar 'bellamente' no solo lo feo inocente sino también lo considerado tabú, separa lo obsceno de lo feo. La obscenidad se convierte en motivo de delicado entretenimiento en la literatura licenciosa de los siglos XVII y XVIII".

Lejos de un entretenimiento, lo obsceno puede volverse siniestro. Ya en el año 1919, Freud habló de "lo ominoso" (lo siniestro, terrorífico) como todo aquello familiar reprimido que estaba destinado a permanecer oculto y sin embargo, sale a la luz y resulta espeluznante. Entonces, aparece la angustia.

En *El Seminario 10*, Lacan dirá que la angustia surge cuando "no hay imagen de la falta [...]. la falta viene a faltar". Y pone un ejemplo: "No es la nostalgia del seno materno lo que engendra la angustia, sino su inminencia[...]. Lo que provoca la angustia es lo que nos anuncia, nos permite entrever que volvemos al regazo. No es, contrariamente a lo que se dice, el ritmo ni la alternancia de la presencia-ausencia de la madre [...]. Lo más angustiante que hay para el niño se produce [...]. cuando no hay posibilidad de falta, cuando tiene a la madre siempre encima".

Cuando no falta lo que debe faltar.

Es decir: cuando falta la falta, la posibilidad de la ausencia.

Lo siniestro es una experiencia que surge cuando lo familiar se vuelve amenazante, cuando aparece algo que debería permanecer oculto, cuando quien debería cuidarnos o respetar los "velos" inhibitorios es quien los corre y nos lastima: un padre que abusa, un estado que reprime, un adulto que no metaforiza su discurso frente a un niño que pregunta por la sexualidad o por la muerte.

Es acá donde lo feo y lo obsceno que deviene siniestro, se distancian. Lo feo genera desagrado; lo siniestro, un trauma.

En un pasaje de su texto, Umberto Eco se pregunta directamente si los seres humanos tienen una tendencia natural a la crueldad. Y hace referencia a Gilles de Rais, un compañero de batalla de Juana de Arco, que fue sentenciado a la horca a los treinta y seis años por ser declarado culpable de actos de sodomía y violencia contra niños, a quienes descuartizaba.

"Se dijo que Gilles había mantenido relaciones con el diablo, pero es difícil atribuir sus delitos a un fenómeno de satanismo. Se trata simplemente de un enfermo al que la experiencia de la guerra había convertido en un adicto a la sangre. Precisamente su propensión a la tortura invita a reflexionar sobre si es el demonio el que empuja a los seres humanos a la crueldad o si no es una tendencia natural a la crueldad la que nos hace imaginar, como justificación y motivo de excitación, la relación con el diablo. Los seres humanos disfrutan de los espectáculos crueles, desde los tiempos de los anfiteatros romanos... Schiller definió muy bien esta "disposición natural" a lo horrendo, y no olvidemos que en todas las épocas el pueblo ha presenciado con gran excitación las ejecuciones", tal como hemos señalado en el capítulo dos de este libro.

Eco nos dice que esa "familiaridad con la muerte inducía a desarrollar síndromes de crueldad hasta con los santos", y que en varias catedrales del mundo se exhiben partes de los esqueletos de alguno de ellos (cráneos, dientes, brazos). "Se trata de restos que parecen obra de un artista contemporáneo [...]. De lo que se deduce que la crueldad puede nacer no solo del odio o del gusto perverso por la afrenta sino también del amor y la veneración vividos de un modo desproporcionado".

Hace poco visité las ruinas de Pompeya, la ciudad que fue destruida por la erupción del volcán Vesubio en el año 79 d. C. Durante horas caminé por esas calles de piedra donde un pueblo entero quedó sepultado bajo las cenizas. Una experiencia intensa. Pero lo que más me conmovió fue el encuentro con algunos cadáveres petrificados que se exhiben al público. Ese lugar, el de los cadáveres, es el más concurrido. Ahí se pueden ver cuerpos de bebés, de hombres y mujeres convertidos en piedra, tal cual estaban al momento de su muerte. Es escalofriante. Y sin embargo la gente –y yo– no podíamos dejar de mirarlos.

Umberto Eco agrega: "Sade celebró el desprecio por el cuerpo ajeno para demostrar que el gusto por la crueldad estaba arraigado en la naturaleza humana [...]. El diablo ya no tiene función alguna, ni se pretende evocarlo a modo de justificación. El gusto por la crueldad presenta ahora unos rasgos que son única y estrictamente humanos".

Aparece aquí un cambio de paradigma. El mal ya no le pertenece a un ser diabólico que nos empuja y nos maneja sentado en el trono del infierno. La crueldad es nuestra, interna, humana. Y debemos aceptarlo para tener una postura responsable respecto a lo que pueda provocar. En otro y en nosotros. Porque el diablo no está afuera.

El autor continúa y plantea algunos ejemplos para aseverar que el mundo es un lugar sedicioso y que en todas las épocas ha reinado la maldad.

Así, concluye:

"En la vida diaria estamos rodeados por espectáculos horribles. Vemos imágenes de poblaciones donde los niños mueren de hambre reducidos a esqueletos con la barriga hinchada, de países donde las mujeres son violadas por los invasores, de otros donde se tortura a los seres humanos, y vuelven continuamente a la memoria las imágenes no muy remotas de otros esqueletos vivos entrando en una cámara de gas. Vemos miembros destrozados por la explosión de un rascacielos o de un avión en vuelo y vivimos con el terror de que pueda ocurrirnos lo mismo a nosotros. Todo el mundo sabe que estas cosas son *feas*, no solo en sentido moral, sino también en sentido físico, y lo sabe porque le provocan desagrado, miedo, repulsión, independientemente de que puedan inspirar piedad, desprecio, instinto de rebelión, solidaridad, incluso si se aceptan con el fatalismo de quien cree que la vida no es más que el relato de un idiota, lleno de gritos y furor [...]. Comprendemos entonces por qué el arte de distintos siglos ha vuelto a representarnos lo feo con tanta insistencia. Por marginal que fuese su voz, ha querido recordarnos que, pese al optimismo de algunos metafísicos, en este mundo hay algo irreductible y tristemente maligno".

Algo que llamamos: crueldad.

Algo que Robert Stevenson puso de manifiesto en su libro *El extraño caso del doctor Jekyll y el señor Hyde* para hablar de la dualidad que habita en el ser humano, de "las dos provincias del bien y del mal que componen la doble naturaleza del hombre".

Para el psicoanálisis: pulsión de vida y pulsión de muerte.

El autor utiliza un artilugio y decide cambiar una letra a la palabra inglesa "*hide*", que significa "esconder", para nombrar a ese otro –Hyde– que vive en el cuerpo del protagonista. La pulsión de muerte que intenta esconderse dentro de nosotros. Muda. Hasta que logra su manifestación más estridente bajo la forma de la crueldad.

Así, el doctor Jekyll advierte que la unión de las "dos ramas opuestas", esos "gemelos enemigos" que luchan sin descanso en su interior, son una maldición para la humanidad. Y a través de sus experimentos, busca separarlos.

Piensa: "Si cada uno… pudiera alojarse en una identidad distinta, la vida quedaría despojada de lo que ahora me resultaba inaguantable. El ruin [cruel] podría seguir su camino libre de las aspiraciones y remordimientos de su hermano más estricto. El justo, por su parte, podría avanzar fuerte y seguro por el camino de la perfección… sin estar expuesto a las desgracias que podía propiciarle ese pérfido desconocido que llevaba dentro".

Cuando alcanza la fórmula mágica que separa su identidad y logra sacar de sus entrañas a ese ser maligno para que tome vida propia, en el momento en que toda su persona encarna a Mr. Hyde, se siente más joven, más ligero, fogoso y libre. Libera sus pulsiones sin diques de contención. Allí aparece la crueldad total, sin ningún velo.

Hacia el final de la novela, el protagonista reflexiona: "Supe, al respirar por primera vez esta nueva vida, que era ahora más perverso… un esclavo vendido a mi mal original".

"Ese mal (que aún debo considerar el aspecto mortal del hombre) había dejado en ese cuerpo una huella de deformidad y degeneración... cuando revestía la apariencia de Edward Hyde nadie podía acercarse a mí sin experimentar un visible estremecimiento de la carne".

Acá irrumpe el costado ominoso (siniestro) que el hombre escondía.

Es decir que, cuando aparecía el señor Hyde, el bello doctor Jekyll se convertía en un ser repugnante. Feo. Al que, sin embargo, asume como parte de sí mismo.

"Ese también era yo. Me pareció natural y humano. A mis ojos era una imagen más fiel de mi espíritu, más directa y sencilla que aquel continente imperfecto y dividido que hasta entonces había acostumbrado a llamar mío".

Lo que está diciendo es que la crueldad innata, esa que está en el origen de lo humano, es más auténtica que la máscara que vamos adquiriendo con el tiempo, a la que llamamos: Yo.

Entonces, ¿dónde ha quedado la belleza?

¿EXISTE LO BELLO DESPOJADO DE LO CRUEL?

En *El Banquete*, el célebre diálogo escrito por Platón, Sócrates habla de Diotima, una figura clave en su discurso sobre el amor. Relata que fue ella, sacerdotisa de Mantinea, quien le enseñó sobre la naturaleza del amor (Eros) y el concepto de la ascensión amorosa hacia la contemplación de la belleza en su forma más pura.

Allí, Sócrates describe cómo Diotima le explicó que el amor no es un dios, sino un "demon" o ser intermedio entre los mortales y los dioses, el deseo de la inmortalidad a través de la creación y la belleza. Según ella, comienza con la atracción física, pero debe evolucionar hacia un amor más elevado por el conocimiento y la sabiduría, culminando en la contemplación de la belleza absoluta.

Diotima le dice: "No afirmes [...] que todo lo que no es bello es necesariamente feo, y que todo lo que no es bueno es necesariamente malo".

"La sabiduría es una de las cosas más bellas del mundo, y como el amor ama lo que es bello, es preciso concluir que el amor es amante de la sabiduría, es decir, filósofo; y como tal se halla en un medio entre el sabio y el ignorante".

"Lo amable es la belleza real, la gracia, la perfección y el soberano bien".

"El que quiere aspirar a este objeto por el verdadero camino, debe desde su juventud comenzar a buscar los cuerpos bellos [...]. Después debe considerar la belleza del alma como más preciosa que la del cuerpo; de suerte, que un alma bella, aunque esté en un cuerpo desprovisto de perfecciones, baste para atraer su amor y sus cuidados [...]. Siguiendo así, se verá necesariamente conducido a contemplar la belleza que se encuentra en las acciones de los hombres y en las leyes, a ver que esta belleza por todas partes es idéntica a sí misma, y hacer por consiguiente poco caso de la belleza corporal".

En principio, podemos pensar que los argumentos de Diotima para convencer a Sócrates de que existe belleza en los actos humanos parecen muy ingenuos. O por lo menos demasiado idealistas.

El amor no siempre "ama lo que es bello". Y si "lo amable es la belleza real, la perfección y el soberano bien", entonces jamás podríamos arrogarnos el derecho a amar en un mundo de seres humanos imperfectos donde los actos en general no se conducen al bien. Sino todo lo contrario.

En el humano existe lo maligno. "La crueldad puede nacer no solo del odio o del gusto perverso por la afrenta, sino también del amor y la veneración", nos recuerda Umberto Eco.

Es decir que, tal como se revela en el final de "Blancanieves", incluso en el amor hay belleza y hay crueldad. Y esto conforma una dupla enraizada que no podemos extirpar. Y que asusta.

Solo partiendo de esa premisa, intentaremos saber si, al menos, y con mucho esfuerzo, se puede conseguir una distancia pacífica entre ambas.

POSTAL 14

CUENTO DE UN REY INDIFERENTE

Yo soy el rey de un lugar donde hay vino y muchas risas.

Vivo colmado de manjares que la gente prepara para mí.

Ellos me dan su esfuerzo y su corazón.

Porque saben que a un rey hay que adorarlo.

Desde la cima se ve el mar. Un mar inmenso que cruza mis dominios.

Por las mañanas veo el sol. Me llena de placer cuando sale del agua y la hace brillar.

Cierto día, se acerca alguien a la corte y pide verme.

“Detrás del mar el pueblo tiene hambre”, dice sin quitarse el sombrero ni inclinarse ante mí.

¡Cómo se atreve a deshonrar mi presencia!

¡Cómo se atreve a pedir mi piedad!

No puedo tratar a las bestias como personas.

No estoy ahí, no quiero verlas. Jamás me pondré en ese lugar.

De inmediato ordeno que lo arresten.

Mientras lo llevan a rastras, el mensajero busca mis ojos otra vez:

“Pronto vendrán por usted”, me grita.

Me río fuerte. Y parto hacia mi habitación donde hay uvas de colores y panes frescos que han dejado servidos en una esquina.

Al cabo de semanas, las bestias cruzan el océano antes de que despegue el sol. Con sogas que llevan en la cintura trepan el muro que protege el palacio. Y arman la revolución.

Son fieras sin alma que gritan ¡libertad! y a su paso van dejando cenizas.

Cuando me detienen, les pido un momento para salir al balcón.

Piensan que voy a matarme.

Se equivocan.

Quiero cantar frente al horizonte que en ese instante se ilumina.

No me dejan.

Debo hacerlo después.

En una celda oscura.

Solo.

Pienso en el sol. Y canto:

"Yo era el rey de este lugar

Tenía cien capas de seda fina

Estoy desnudo, si quieren verme

Bailando a través de las colinas".

Inspirado en la canción "Tribulaciones, lamento y ocaso de un tonto rey imaginario o no" de Charly García.

8

LA CRUELDAD VELADA. LA INDIFERENCIA

Lo preocupante no es la perversidad de los malvados,
sino la indiferencia de los buenos.
MARTIN LUTHER KING

Mi abuela, la de las cejas pintadas, tenía una voz maravillosa.

Aunque nunca aprendió a cantar –porque en esos tiempos en las casas de un exiliado apenas había dinero para comer–, de adulta, ya casada con mi abuelo, lo hacía. Siempre cantaba en el baño. Recuerdo que solía decir que los azulejos mejoraban la acústica. En realidad, siempre no. Cuando estaba deprimida no cantaba.

La depresión de mi abuela fue una de las causas de mi tristeza. Justo ahora, mientras escribo este libro, me doy cuenta de que los ojos chinos, de pestañas largas que todos resaltaban cuando yo era una niña, tenían algo de tristeza. La melancolía de mi abuela se había metido en mis ojos.

La identificación es un proceso psíquico por el cual las personas asimilan aspectos o atributos de otros. La personalidad se constituye sobre la base de las identificaciones.

A medida que crecen, los niños van tomando algunos rasgos de quienes están cerca. Papás, mamás, tíos, abuelos. Toda persona que rodea a un chico en su infancia dejará las huellas de sus palabras, sus actos y sus gestos. También de su dolor.

Mis abuelos me dejaron las marcas de su dolor.

Ella, mi abuela, que de adolescente había soportado los piedrazos de los pogromos en Polonia antes de llegar a Argentina, se trajo la tristeza que luego mis ojos heredaron. Pero también trajo canciones, cantadas con una voz angelical que yo intentaba imitar de muy pequeña. Una de esas canciones, la que más me gustaba, era "Papirosen".

Cada vez que la cantaba se le caían unas lágrimas. Imagino que pensaba en la tierra perdida, en su infancia con olor al pan horneado por su madre, o en un amor adolescente que debió abandonar antes de que apareciera la desilusión. Siempre es más difícil separarse de un amor cuando todavía estamos ilusionados.

Cuando ya tuve edad para entender, o por lo menos eso creía mi abuela, me contó qué significaba la letra de "Papirosen", *cigarrillo* en polaco, esa canción que siempre le pedíamos que cantara.

Un chico se moja en una noche fría. Está hambriento. Sostiene una caja de cigarrillos que intenta vender entre la gente. Pero nadie le compra. El chico les habla de su historia, les dice que su padre ha perdido las manos en la guerra, que la mamá ha muerto muy joven por no tolerar más la miseria y que su hermanita tampoco aguantó el hambre. Les dice que se ha quedado solo, que recoge migajas para comer y que la policía lo corre a golpes de la banca en la que duerme para que no moleste a los transeúntes. Les ruega que le compren los cigarrillos, les dice que los ha resguardado de la lluvia. Les pide perdón por molestarlos. Les suplica que salven a un huérfano. Ellos, los otros, pasan y no ven; algunos incluso se burlan. "Que venga la muerte y me lleve ya", termina el canto.

Muchos años después, me topé con un cuento del escritor danés Hans Christian Andersen, "La niña de las cerillas".

Era la última noche del año. Nevaba y empezaba a oscurecer. Una niña de cabellos dorados estaba a la intemperie. Era una niña pobre. Cruzó la calle aprisa para evitar que un coche la embistiera y así perdió los tenis que le había dado su madre para salir. Quedó descalza, con los pies morados por el frío. Y estaba hambrienta. En un delantal viejo llevaba un puñado de fósforos para vender. Nadie le había comprado en todo el día, ni tampoco le habían dado un centavo. Si regresaba sin dinero su padre le pegaría. Entonces decidió sentarse y se acurrucó hecha un ovillo en el medio de dos casas. Encogió los pies como pudo, pero el frío se le metía por todas partes. En su casa también hacía frío; solo los cobijaba un tejado que no impedía que el viento entrara fuerte. ¡Cómo la aliviaría un fósforo encendido! Se atrevió a sacar uno y lo frotó contra una de las paredes. Apareció una llama cálida, como una lucecita. La niña imaginó una estufa de hierro, con pies y campana de latón y un fuego ardiente que calentaba bien. Apenas alargó los pies para calentarlos, la llama se extinguió y se esfumó la estufa, y ella se quedó sentada con el resto de la cerilla consumida en la mano. Decidió encender otra, que proyectó su luz sobre la pared y la volvió transparente como una gasa. La niña pudo ver en el interior de una habitación una mesa puesta con porcelana fina. Un pato asado relleno de ciruelas humeaba en el centro. El pato saltó de la fuente y se dirigió hacia ella. En aquel momento se apagó el fósforo de nuevo, dejando a la vista solo la pared. La niña encendió una tercera cerilla y se vio debajo de un árbol de Navidad. Era más alto y más hermoso que el que había visto la última Nochebuena a través de los ventanales de un comercio. Miles de velas ardían en las ramas. La pequeña levantó los brazos [...] y entonces se apagó el fósforo. De pronto, todas las luces se remontaron a lo alto y ella se dio cuenta de que eran las estrellas del cielo, esas de las que hablaba su abuela, la única persona que la había querido y que ya estaba muerta. 'Cuando una estrella cae, un alma se eleva hacia Dios', solía decirle. En ese momento, una de las estrellas trazó una estela de fuego. Alguien está muriendo, pensó la niña. Y enseguida frotó otra cerilla contra la pared. El espacio se iluminó de inmediato. Apareció la abuela, radiante, cariñosa. 'Abuelita', exclamó ella. '¡Llévame, contigo! Sé que te irás también cuando se apague el fósforo, del mismo modo que se fueron la estufa, el asado y el árbol navideño.' Y se apresuró a encender todos los fósforos que le quedaban para no perderla. Los fósforos brillaron, la abuelita brilló. Nunca había sido tan alta y tan hermosa. Tomó a la niña en brazos y las dos emprendieron el vuelo hacia las alturas, sin que la niña sintiera ya frío ni hambre ni miedo. Porque estaba en la mansión de Dios.

A la madrugada, en el ángulo más oscuro de esa casa, apareció la niña con las mejillas rojas y la boca sonriente... Muerta. Muerta de frío en la última noche del año viejo. La mañana iluminó el cadáver sentado con los fósforos en un paquetito que parecía consumido. '¡Quiso calentarse!', decía la gente. Pero nadie supo las maravillas que había visto ni el esplendor con que, en compañía de su abuela, había subido a la gloria del Año Nuevo.

Aunque mi abuela jamás había leído ese cuento, se parecía mucho a aquella canción que me cantaba en esas tardes mágicas donde su voz me gustaba y me entristecía, y me enseñaba un poco de la vida sin que yo me diera cuenta.

Porque la niña de las cerillas es también el chico de la calle Corrientes que espera su limosna mientras la gente sale de los teatros. Y ese chico representa a todos los chicos que andan como sonámbulos perdidos entre adultos que caminan atormentados por sus propias vidas y quizás, no registran que hay tormentos más urgentes. Y los sonámbulos son, a su vez, los que duermen a la intemperie y se acurrucan al pie de un cajero automático para evitar el frío que les muerde todo el cuerpo. Cuerpos que ya están mordidos por el hambre, los piojos, la humillación. Y por la crueldad anónima de nuestra apatía. Quizás, también, los sonámbulos perdidos sean esos adultos que caminan distraídos, solventes portadores de negación.

Tanto el cuento de Andersen como el canto de mi abuela hablan de lo mismo. La indiferencia. Y si bien hay crueldad en la miseria, más crueldad hay en los ojos que la miran y no la ven.

Una de las cosas más angustiantes para una persona es sentir que a nadie le importa su dolor. No hay mayor crueldad que la indiferencia frente al sufrimiento del otro.

"¡No se puede ayudar a todo el mundo!", dice un paciente en mi consultorio mientras relata la escena: "Todos los días, cuando voy para el trabajo, en la misma esquina hay una mujer con su hijo vendiendo calcetines. Las pone sobre el parabrisas con un cartel medio borroso. Ya le compré una vez, pero ella sigue ahí, con el pibe en brazos muriéndose de frío. ¡Cómo pueden hacer esto!".

¿Quiénes?, me pregunto en silencio.

¿Quiénes son los crueles?

¿La mujer *canguro* que debe llevarse a cuestas su bebé, que no puede dejarlo en una guardería del Estado ni tiene a alguien que lo cuide? ¿El Estado? ¿Un Estado que no le importa, un Estado que no alcanza a socorrer a todos? ¿Mi paciente, que ha sido compasivo una mañana, que se queja por verla en la misma esquina siempre, que le da pena el niño, que culpa a la mamá, que intenta disimular su crueldad en el consultorio, que trata de no sentirse culpable? ¿Yo, que escucho y me quedo en silencio? ¿Está mal ser indiferentes siempre, a veces? ¿Está mal sentir culpa?

¿Quiénes son los crueles?

Tal vez, todos son crueles.

Sí. Todos somos crueles.

Si no en una esquina, en cualquier otra. Porque es cierto lo que dice mi paciente: no se puede ayudar a todo el mundo. Aunque nos resulte una conclusión liviana o poco comprometida. Es verdad. Pero también es cierto que podemos esforzarnos para mirar a los demás, a los invisibles, a esos que nadie mira. Y a su vez, mirar hacia adentro, teniendo en cuenta que muchas veces somos invisibles y despiadados con nosotros mismos.

No es una tarea fácil. Porque incluso la época nos invita a menospreciar el sufrimiento del otro y resguardarnos en un autoerotismo extremo que resulta cruel, para que no miremos al costado y para que ese narcisismo exacerbado nos lleve al "sálvese quien pueda". Quizás, una manera de pelear contra esa crueldad que se impone desde el mundo sea recuperar la mirada periférica que reconoce al otro y necesita de su bien para alcanzar el bien propio. La posibilidad de ser feliz a partir de la contemplación de la felicidad ajena. Aunque nada tenga que ver con nosotros.

Freud decía que las necesidades religiosas derivan del desvalimiento infantil y de la añoranza del padre por la angustia frente al hiperpoder del destino.

El relato de Andersen parece tener que ver con esto.

El autor plantea una fantasía, un posible escape de la crueldad a manos de nuestros muertos que desde algún lugar nos cuidan y nos asisten (en el cuento, la abuela). Y de un Dios y un paraíso que nos recibirá para aliviarnos.

En un gesto poético supongamos que esta fantasía sea cierta, que existe un paraíso divino. De cualquier modo, estaríamos ubicando la posibilidad de la bondad –o del alivio– en otra parte, a merced de otros: los muertos o Dios, que según Nietzsche también ha muerto y por eso el destino de la cultura será la catástrofe.

Entonces acá, en la vida, ¿qué nos queda?

¿Quiénes quedan?

Nosotros, los vivos, que somos crueles todo el tiempo aunque nos disfracemos de filántropos, de buenos padres o buenos hijos o buenos amigos o buena gente.

Mahatma Gandhi decía: "Más que los actos de los malos, me horroriza la indiferencia de los buenos".

Hay gente buena, es cierto, pero también a la buena gente se le filtra la crueldad, alimentada por eso que Freud llamó pulsión de muerte: la energía que nos empuja a destruir o destruirnos. Toda crueldad es pulsión de muerte pero no toda pulsión de muerte es crueldad.

Esa energía tiene muchas máscaras. A veces se disfraza de una voracidad que no podemos dominar, de envidia, egocentrismo, pensamientos ruines, ganas de revancha, falta de empatía, de un amor propio derruido que nos repite mil veces que no merecemos que nos amen, que no merecemos tener logros o instantes de placer, que somos vulnerables y estamos condenados a sufrir, a lastimarnos, a maltratar. Incluso, cuando las cosas parecen salir bien. Porque no solo la frustración de un deseo puede enfermarnos. Hay personas que también se enferman cuando tienen éxito, como una forma segura de impedir el disfrute ante la conquista de un sueño: son *los que fracasan cuando triunfan*. En esos casos, aparece una sensación de culpa que niega el placer y en su lugar exige castigo.

* * *

En Buenos Aires, hubo un chico a quien el poeta Horacio Ferrer le dio voz, imagen, quizás un sentir ligado a su propia culpa también.

Dice Ferrer: "El cuento que ahora voy a contarte pertenece a esa Buenos Aires un poco a contramano que se hace con la medianoche y se manda a mudar con la primera luz del día. Puede ocurrir, ocurre por igual, en un lugar de la avenida Quintana o en una fonda del bajo. Pero el músico y el poeta sentimos la cosa de esta canción en una vieja parrilla vecina del mercado del centro, porque allí, comiendo un bife, nos nació, una vez, al descubrir en la punta de un mantel de papel, la carita silenciosa y alucinada del que iba a ser su protagonista. Era, sí, uno de esos chicos de la noche que andan de mesa en mesa vendiendo flores. Con el fajo de billetes en el bolsillo y un qué sé yo de pena antes de tiempo en los ojos y en el remiendo del fundillo. Tratando de seguir el rastro de ese diminuto personaje trágico, hicimos este valsecito con sabor a fábula porteña".

Por las noches, cara sucia
de angelito con bluyín,
vende rosas por las mesas
del boliche de Bachín.
Si la luna brilla
sobre la parrilla,
come luna y pan de hollín.
Cada día en su tristeza
que no quiere amanecer,
lo madruga un seis de enero
con la estrella del revés,
y tres reyes gatos roban sus zapatos,
uno izquierdo y el otro ¡también!
Chiquilín,
dame un ramo de voz
así salgo a vender
mis vergüenzas en flor.
Baleame con tres rosas
que duelan a cuenta
del hambre que no te entendí,
Chiquilín.
Cuando el sol pone a los pibes

delantales de aprender,
él aprende cuánto cero
le quedaba por saber.
Y a su madre mira,
yira que te yira,
pero no la quiere ver.
Cada aurora, en la basura,
con un pan y un tallarín,
se fabrica un barrilete
para irse ¡y sigue aquí!
Es un hombre extraño,
niño de mil años,
que por dentro le enreda el piolín.
Chiquilín,
dame un ramo de voz,
así salgo a vender
mis vergüenzas en flor.
Baleame con tres rosas
que duelan a cuenta
del hambre que no te entendí,
Chiquilín.

Tal vez, solo nos queden los poetas, que intentan reparar el dolor del mundo haciendo arte, ya sea en Dinamarca, Polonia o Argentina. No importa. El arte nos da satisfacciones sustitutivas y realza sentimientos de identificación.

Andersen, el autor de "Papirosen", o Ferrer hablan de lo mismo: la falta de coraje para mirar –a nosotros y a otros– y hacernos cargo de lo que vemos.

La crueldad en la indiferencia.

La exponen, la develan. La adornan con metáforas y notas de romanticismo.

¿Se puede adornar la crueldad? ¿Pincelarla de nostalgia en un bolero, en un tango, en un cuadro o en un libro?

Los artistas lo hacen. Maquillan la crueldad para brindarnos sensaciones comunes, que nos identifiquen y nos alivien un poco. Y nosotros, que leemos, cantamos o simplemente somos espectadores silenciosos –como yo en el consultorio–, mientras tanto, seguimos siendo crueles aunque a veces seamos buenos.

POSTAL 15

ALEMANIA, 1810

HISTORIA REAL DE UN COMPOSITOR ROMÁNTICO

Es un día templado de junio.

La ciudad de Zwikau, situada en un valle, amanece tranquila.

Nace un niño que a los siete años tocará el piano, compondrá piezas musicales, redactará poemas y se llenará de ilusión.

Su padre lo acompaña y lo estimula. El hijo lo admira y le agradece que se ocupe de sus sueños. Pero el papá se muere cuando Robert cumple dieciséis años.

El joven queda al cuidado de una madre que arma otros planes para su vida. Planes que no tienen que ver con la música ni la expresión artística. Tal vez, como muchos padres, la madre intenta en su hijo las ilusiones fallidas de su propia infancia.

Presionado por esa mamá que no escucha su deseo ni oye su música, Robert ingresa a estudiar derecho a la Universidad de Leipzig.

Más tarde, escribe: "Vivo como un perro... Mi cabello tiene metros de largo y quiero cortármelo, pero no puedo gastar ni un centavo. Mi piano está terriblemente desafinado, pero no puedo permitirme el lujo de conseguir un afinador. Ni siquiera tengo el dinero necesario para comprar una pistola y matarme... Tu desdichado hijo, Robert Schumann".

En medio de su derrotero, se contagia sífilis. Los médicos lo tratan con mercurio, que deja efectos de envenenamiento en la sangre, temblor en las extremidades, cambios de personalidad y depresión. A partir de ahí, el joven pródigo empieza a tener inestabilidad psíquica.

Quizás, el mercurio solo abre la puerta a una depresión que ya se había gestado antes. Siempre que nos quitan los sueños nos empujan un poco más al abismo.

Poco después, Robert se instala en la casa de Friedrich Wieck, un renombrado profesor de piano que se convierte en su tutor. El joven quiere ser el "Paganini del piano". Y para lograrlo, se requiere de aptitudes especiales.

Movido tal vez por su ilusión de ser el mejor pianista o, quizás también, por un desafío contra la madre que reprocha y niega su talento, el joven decide cruzar los límites. Y flagelarse.

Con el afán de independizar los movimientos del cuarto dedo y ampliar el alcance de la mano en extensión, construye un artilugio de madera que mantiene el dedo anular sujetado y estira los demás de forma tan exagerada, que se disloca la mano derecha. El resultado es una parálisis parcial de los dedos y la sepultura de sus ambiciones.

Tras la catástrofe a la que él mismo se ha sometido, escribe: "Tengo un dedo paralizado, fracturado, en la mano derecha, y como consecuencia de lo que en sí mismo fue una lesión trivial, unida a mi propia negligencia, el deterioro se ha vuelto tan grave que ahora casi no puedo usar la mano cuando toco. La mano estropeada me hace desgraciado. Con frecuencia me quejo de mi destino preguntándome por qué me envió el cielo esta prueba. ¡Representaría tanto para mí poder tocar! ¡Qué alivio sería dar salida a toda la música que brota dentro de mí!"

A partir de ese momento, empieza a estudiar con rabia composición. Vive deprimido, añorando recuperar la movilidad de su mano y los sueños que se han muerto con la parálisis, hasta que algo lo distrae primero, y lo enamora después.

Friedrich Wieck, su maestro, tiene una hija llamada Clara, que además de ser hermosa toca el piano a la perfección. Con dieciséis años la muchacha enamora a quienes presencian sus conciertos: Goethe, a punto de morir, le ha enviado su retrato y Chopin le ha besado la punta de los dedos.

Robert le pide a Clara que ejecute las obras en su presencia. Pronto, las tardes que pasan juntos se vuelven íntimas. Y al cabo de unos meses, se hacen amantes.

Robert pide la mano de la joven, pero el padre se niega por considerarlo un muchacho de escasa fortuna y poca reputación. Algunos dicen que en ese momento comienza su locura. Aunque la locura suele gestarse antes, con otros amores, los de la infancia.

Decide partir solo a Praga. Y mientras compone, comienza a ver cosas fúnebres, ataúdes, caras de desesperación. Pero el más pequeño estímulo le alcanza para inspirarse. De pronto, recibe cartas de Clara, que le dice que está luchando con su padre para conseguir la boda. Esa tranquilidad –saberse amado– le permite componer con ilusión.

Después de una batalla legal, Clara Wieck y Robert Schumann se casan un día antes de que ella cumpliera veintiún años. Es el momento más fecundo del músico. Compone la *Sinfonía en Si bemol*, obras para cuatro manos y empieza a escribir para canto.

Cuando comienza su obra maestra, *Fausto*, debe interrumpirse. Su salud empeora: padece amnesia, insomnios y algunos delirios. Tiene pánico a las alturas y a todo elemento cortante que pudiera herirlo. En su casa no puede haber cuchillos ni metales. No habla. Se transforma en alguien irascible. Pasa buena parte del tiempo en un rincón, cerca del piano, con la cabeza gacha. En silencio.

Le suplica a Clara que lo abandone porque no tolera hacerle daño. En marzo de 1854 pide ser trasladado al manicomio de Enderlich, cerca de Bonn. Durante su internamiento no se le permite ver a Clara.

Solo dos días antes de su muerte, su esposa puede visitarlo. Por un instante, Robert cobra lucidez y la reconoce.

Le dice: "No cambiaría ese abrazo por todos los tesoros del mundo".

Muere el 28 de julio de 1856, a los cuarenta y seis años de edad.

A pesar de los deseos de su madre, a pesar de sus dedos rotos y sus delirios, Robert Schumann escribió obras maestras y es considerado uno de los compositores más importantes del romanticismo.

Sin embargo, la crueldad que ejerció sobre sí mismo no solo le impidió convertirse en el "Paganini del piano", también le quitó la posibilidad de tocar.

POSTAL 16

LA NENA QUE QUERÍA TENER ARETES

INSPIRADO EN LA HISTORIA DE UNA PACIENTE MAYOR

Nació con dos orejas, como la mayoría de los niños, luego de un trabajo de parto complicado que su madre debió soportar durante una noche entera. La única hija, la única sobrina y la única nieta que habría en la familia.

Los padres la buscaron durante años. Cuando al fin llegó, ellos estaban grandes. Y los grandes con una sola hija tienen miedo.

A pesar de que se estilaba que a las niñas les hicieran agujeritos en las orejas y les compraran bonitas perlas, sus padres se negaron porque temían que le doliera. Y era cierto. Dolió. Pero no dolió eso –que en definitiva no le hicieron–, dolió su ausencia.

Creció sin agujeros, cuestión difícil de llevar adelante para cualquiera.

Cuando entró al colegio, veía a las compañeras con sus aretes de colores y sentía envidia. Se ponía a llorar sola en algún recreo porque todas –menos ella– estaban lindas. A esa edad ya creía que los adornos siempre embellecen.

Una tarde, al regresar a la casa, le preguntó a su mamá por qué. La madre le dijo que no querían hacerla sufrir. Ella contestó que había sido peor, porque igual estaba sufriendo.

Tal vez por no sentirse merecedora de ningún rezo, hasta el momento no se había animado a rezar.

Las monjas le habían enseñado que debía enlazar las manos sobre el pecho, mirar el cielo, iniciar el padrenuestro y dar las gracias por todo lo que tenía. Si era una buena niña, podía incluso pedir un deseo.

Un día, sacó un sobresaliente en una prueba y le convidó su galletita a una nena que había perdido la suya en una apuesta. Había sido buena; se había ganado el derecho a desear.

Esa noche, antes de dormir, comenzó a rezar por primera vez.

"Cuando sea grande quiero tener agujeritos en las orejas".

Ser grande para ella significaba lograr su sueño.

Pasó tiempo. Hasta que tuvo cuarenta años se animó a entrar en el local de una galería donde un joven lleno de tatuajes agujereaba las orejas con un punzón. Tuvo miedo a que le doliera, como le habían previsto sus papás incluso antes de su nacimiento. Los padres siempre diseñan cómo sufrirán sus hijos.

El joven la vio nerviosa y le ofreció un poco de agua. Ella temblaba. Pero debía animarse: desde que era muy chica había sido su deseo. Su único deseo.

Hoy, es casi una anciana a quien le ha costado el amor y no tiene descendencia. Vive sola, con algunos gatos que la visitan de vez en cuando para que les dé comida. Pero tiene agujeros en las orejas.

Y jamás, ni siquiera cuando duerme, se quita los aretes.

POSTAL 17

VENECIA, SIGLO XVI

OTELO, DE WILLIAM SHAKESPEARE

Otelo, un general moro, es valiente y vulnerable a la vez. Se casa en secreto con Desdémona, una mujer joven, noble y amada por su dulzura, lo que despierta resentimientos en otros. Entre ellos, Yago, un suboficial astuto que manipula a Otelo como venganza por haber sido pasado por alto en un ascenso.

Para que Otelo dude de la lealtad de su esposa, Yago idea un plan basado en enredos y falsas pruebas. De este modo siembra unos celos desmedidos que se consolidan cuando Otelo descubre que el pañuelo que le ha regalado a Desdémona aparece en posesión de Casio, el hombre que él considera su rival en el amor.

Enfurecido, decide hablar con ella:

O: Si te queda algún pecado que no haya alcanzado la gracia del cielo, ruega su perdón.

D: ¡Dios santo! ¿Qué quieres decir con eso?

O: Vamos, reza y no tardes. Mientras, me retiraré.

[...]

D: Por qué tengo miedo no sé, si no tengo culpa; pero siento miedo.

O: Piensa en tus pecados.

D: Son amores que te doy.

O: Pues por eso has de morir.

D: Matar por amor es dar muerte cruel.

[...]

O: A Casio le has dado aquel pañuelo tan querido que yo te regalé.

D: ¡No, por mi vida y mi alma! Mándale llamar y pregúntale.

O: Guárdate, alma mía, guárdate del perjurio. Estás en tu lecho de muerte.

D: Pero aún no he de morir.

O: Sí, ahora mismo; conque confiesa abiertamente tu pecado, pues negar con juramentos cada cargo no puede destruir ni ahogar la convicción que me atormenta. Vas a morir.

[...]

Consumido por el dolor y por la ira, siente que el asesinato es la única forma de restaurar su honor. Y mientras ella duerme, la asfixia con sus propias manos.

Pero de inmediato descubre la verdad: Desdémona nunca lo engañó.

Todo ha sido una trampa de Yago.

Destruido por la culpa, sintiendo que ha perdido su amor, su honra y su cordura, la crueldad se vuelve contra sí mismo y se quita la vida.

9

LA CRUELDAD CON UNO MISMO

Ya no seré feliz. Tal vez no importa.
Hay tantas otras cosas en el mundo…
Solo me queda el goce de estar triste…
JORGE LUIS BORGES

¿QUÉ DAÑO NOS HACEMOS A NOSOTROS?

La capacidad de autoagresión es algo que todos percibimos. Tanto la filosofía como las religiones subrayaron que no hay enemigo más cruel que uno mismo. Sin embargo, cuando intentamos entender por qué, nos cuesta encontrar una explicación.

"¿Cómo fui capaz de hacerme esto?", se preguntaba una paciente curada de anorexia al recordar los días que pasaba sin comer y el aislamiento al que se había sometido durante años.

Como ya señalamos, existe un nombre para referirnos a ese impulso autodestructivo: se llama goce.

Y surgen goces extremos que pueden llevar a la destrucción, como manejar a doscientos kilómetros por hora, agredir, asesinar o matarse movido por celos desmedidos (Otelo); o goces más pequeños que también nos dañan, tan cotidianos que a veces cuesta identificar.

El goce de mi paciente anoréxica; el de alguien que fuma veinte cigarrillos diarios; el que come, bebe o juega más *allá del placer*; el goce del espectador narcotizado de Netflix que ve la vida de otros desde un sillón y no entiende que la propia se le escapa; o de quien permanece en una relación donde no es feliz.

El goce de la persona que descubre la traición de su pareja, se queda revisando el celular, lee los mensajes que se manda con su amante, se regodea en los detalles sexuales y, como si esto no alcanzara para lastimarse, decide seguirla para ver con sus ojos lo que ya sabe: el viaje de negocios era una escapada romántica. Y permanece escondida en un auto, mirando cómo ellos se abrazan y se ríen. Y así goza. Y sigue siendo cruel consigo misma.

Por otro lado, también están los goces más sutiles, como negarle a un hijo algo solo porque nos fue negado a nosotros cuando éramos niños (el festejo de un cumpleaños, por ejemplo), o imponerle aquello que nosotros no pudimos hacer como una forma de reparar la frustración (la madre de Schumann que lo obligó a renunciar a la música para ingresar a la universidad de derecho). O aquellas decisiones que se disfrazan de obligación, como estudiar lo que no nos gusta para cumplir mandatos ajenos en lugar de acercarnos a nuestros sueños. O las parejas que no se hablan durante días por una discusión. O los padres separados que evitan nombrar al otro frente a sus hijos, y así lo transforman en un fantasma que, a su vez, el niño evitará nombrar por miedo a que su padre o madre se enoje o lo castigue.

¿Cómo podemos dañarnos tanto? O, mejor aún: ¿por qué?

LOS FLAGELANTES

En el siglo XIII, en la ciudad italiana de Perugia, hubo un grupo de fanáticos religiosos que proclamaban la ira de Dios contra la corrupción. Y se infligían azotes para expresar la expiación de los pecados.

Los flagelantes se concebían como redentores de los padecimientos de Jesús, y buscaban el arrepentimiento y la condonación de la maldad humana derramando su propia sangre a modo de rito. Por donde pasaban, arrastraban un cortejo de horror y de dolor.

La flagelación era percibida en un doble sentido: por supuesto, se encaminaba a redimir los pecados del mortal mediante la penitencia, pero también le ofrecía al flagelante revivir la pasión de Cristo y convertirse, a su vez, en Él.

En un principio eran reconocidos por su piedad, pero a medida que pasó el tiempo atacaron a los judíos en numerosos pueblos de Alemania y los Países Bajos y la Iglesia debió aliarse a las autoridades laicas para estar prevenida ante la cólera de la secta.

En el año 1348, la peste bubónica asoló Europa y murió un tercio de la población. Ante semejante caos, los flagelantes fortalecieron su fe: no se trataba de una epidemia, sino de un castigo divino. Al tiempo, se multiplicaron los actos de sedición contra la iglesia y las persecuciones antisemitas.

Apareció un hombre llamado Konrad Schmid que dirigía en Turingia un grupo flagelante clandestino. Mientras que la mayoría de los flagelantes eran generalmente los más pobres, Schmid era un intelectual que se proclamó rey de Turingia convirtiendo el lugar en un auténtico feudo azotador. Si alguien quería adherirse a la secta debía ser conducido hasta el altar de Konrad y confesar todas sus faltas. Y el rey Schmid lo azotaba con una violencia feroz.

Los flagelantes viajaban en grupos organizados, unidos por votos que los obligaban a abstenerse de todo placer físico. Las torturas y flagelaciones se llevaban a cabo por períodos de treinta y tres días, en memoria de los años que vivió Cristo. Luego las suspendían por diez días y volvían a comenzar.

Con el tiempo, Konrad Schmid se puso cada vez más violento. Pronto, la Inquisición reaccionó también. En el año 1368, se desencadenó la represión. Las ejecuciones se multiplicaron y entre los condenados estaba Konrad Schmid. En el libro *Los fanáticos del Apocalipsis*, de Norman Cohn, se describe su propia tortura: "Schmid se encerró en su celda, se desnudó de la cabeza a los pies, se armó de un látigo cubierto de clavos y se azotó el cuerpo, los brazos y las piernas. Uno de los clavos, en forma de gancho, desgarraba las carnes. Lo hizo con tanto ardor que el látigo se partió en tres y los clavos se estrellaron contra la pared".

Konrad Schmid murió quemado en Nordhausen. A medida que la Iglesia actuaba con mayor fuerza contra los flagelantes, el movimiento comenzó a declinar. Muchos flagelantes fueron arrestados y ejecutados por herejía.

En tiempos más recientes, reaparecieron otras sectas de flagelantes. Una de ellas caminó las calles de Lisboa en 1820; en los estados de Colorado y Nuevo México (Estados Unidos) las sectas Americanos Cristianos Nativos y los Hermanos Penitentes continuaron practicando la autoflagelación hasta finales del siglo XIX. En España todavía salen de vez en cuando los flagelantes de San Vicente de la Sonsierra, en Logroño.

En la capilla de San Francisco en Asís, los monjes caminan durante el día cubiertos solo por el clásico atuendo franciscano, con silicios alrededor de sus piernas mientras rezan. Y por la noche duermen al aire libre, sobre el piso, a pesar del frío del invierno.

Como vemos, la idea del sufrimiento físico como un valor redentor sigue influyendo en las prácticas religiosas. Incluso hoy.

EL YO: UN OBJETO PARA MALTRATAR

En la Conferencia 31, "La descomposición de la personalidad psíquica", Freud nos avisa acerca del Yo como un objeto:

"El Yo es por cierto el sujeto más genuino: ¿cómo podría devenir objeto? Ahora bien, sin duda ello es posible. El Yo puede tomarse a sí mismo por objeto, tratarse como a los otros objetos, observarse, criticarse, y Dios sabe cuántas otras cosas podrá emprender consigo mismo [...]. La instancia particular que empiezo a distinguir dentro del Yo es la conciencia moral [...] designaré en lo sucesivo "Superyó" a esa instancia situada en el interior del Yo [...]. Se nos impone un cuadro patológico que ilustra de manera patente la severidad, hasta la crueldad, de esa instancia, así como las mudanzas de su vínculo con el Yo. Me refiero al estado de la melancolía [...]. Mientras que en sus períodos sanos el melancólico puede ser más o menos severo consigo mismo, como cualquier otra persona, en el ataque melancólico el Superyó se vuelve hipersevero, insulta, denigra, maltrata al pobre Yo, le hace esperar los más graves castigos [...]. Si la conciencia moral es sin duda algo "en nosotros", no lo es desde el comienzo [...] el niño pequeño es notoriamente amoral, no posee inhibiciones internas contra sus impulsos que quieren alcanzar placer. El papel que luego adopta el Superyó es desempeñado primero por un poder externo, la autoridad parental [...]. Más tarde [...] en el lugar de la instancia parental aparece el Superyó que ahora observa al Yo, lo guía y lo amenaza, exactamente como antes lo hicieron los padres con el niño".

Freud alude a una conciencia moral que aparece en la infancia por temor a perder el amor del adulto. Es decir: a quedar sin su cuidado y su protección.

Detengámonos en la noción de Superyó, esa instancia psíquica heredada del Complejo de Edipo (preedípica, según algunos autores), formada por la internalización de las exigencias y prohibiciones parentales, sociales, culturales y ambientales concebidas en la infancia (educación, religión, preceptos morales).

Como señalamos al hablar de Narcisismo, nuestro Yo es el primer objeto totalizado a quien volcamos el amor. ¿Cuáles son los siguientes? Por lo general, los padres. Esos adultos que cuidan, alimentan, acarician y erotizan al niño.

En la infancia, la vida depende de los padres (o sustitutos). Son la fuente de seguridad y afecto. Entonces, ¿cómo no amarlos?

Están ahí, tan cerca, y a la vez tan imposibles. Porque esas mismas personas que nos enseñan cómo se ama y se sufre, y nos introducen al mundo de la palabra, son justamente aquellas con quienes la sexualidad está prohibida: prohibición del incesto.

Ante esta realidad, el hijo desarrolla sentimientos ambivalentes. Ama y odia a sus padres al mismo tiempo. Inconscientemente los desea (sí, los desea), y también les desea la muerte. Algo que se ve de modo muy claro en la adolescencia, cuando se da una reviviscencia del Complejo de Edipo.

Ya hemos dicho que en esta etapa, lejos de la supuesta ternura del bebé, el adolescente está físicamente en condiciones de concretar sus deseos sexuales. Por eso, por esa prohibición del incesto que ha incorporado de niño, se escapa de sus padres: se encierra, no les habla y hasta los agrede. Porque necesita defenderse de esos impulsos.

Dentro de su mente se libra una batalla cruel entre el Yo y el Superyó.

Ese Superyó es el juez impiadoso del Yo, que encarna una ley y prohíbe su transgresión, que impone la renuncia a los deseos edípicos y pone un freno al incesto y al parricidio para dar lugar a las identificaciones. Es, a su vez, portador del Ideal del Yo, la exigencia de una perfección inalcanzable a la que todos aspiramos con sumo esfuerzo.

Dice Freud: "La base de este proceso es lo que se llama una "identificación", o sea una asimilación de un yo a otro yo ajeno [...] [que] se comporta en cierto aspecto como el otro, lo imita, por así decir, lo acoge dentro de sí [...]. Es también el portador del ideal del Yo, con el que el Yo se mide [...] ese ideal del Yo es el precipitado de la vieja representación de los progenitores, expresa la admiración por aquella perfección que el niño les atribuía en ese tiempo".

Siempre resulta peligroso quedar detenido por ese Ideal del Yo que impone la meta de un único sueño: ser un gran músico, tener aretes, un hijo, un trabajo o un amor.

Cuando la vida se arma alrededor de una ilusión exclusiva, si ese ideal no se concreta, o si más tarde se pierde, corremos el riesgo de terminar en duelos patológicos que nos dejen solos, con una melancolía ante la ausencia de lo amado y el goce de ofrecerle nuestro dolor.

Es, por ejemplo, el deseo que luego se transforma en una obsesión que lastima (Robert Schumann), o que angustia de tal modo que ni siquiera cuando se consigue alcanza para sostener una vida feliz (la nena que quería tener aretes).

El deseo aparece ante la falta. Pero se puede sublimar. Es decir, se puede –se debe– armar más de un sueño para vivir, o enmascarar el deseo que no se alcanzó.

¿Cómo?

Construyendo algo que tenga que ver con eso que soñamos, aunque no sea lo mismo. Si deseábamos ser pianistas y no pudimos, podremos intentar alguna actividad relacionada con la música, como Schumann, que a pesar de su mano quebrada y su depresión, logró ser reconocido como uno de los mejores compositores del mundo. Si queríamos ser padres o madres, y no pudimos, podremos acercarnos a algún niño y establecer un vínculo de cuidado y de cariño.

Es decir: tenemos la posibilidad de reinventar el deseo para no quedar anclados en la melancolía. O simplemente duelar. Renunciar a la añoranza gozosa de aquello que no fue o que perdimos y destinar nuestra energía en sueños nuevos, aunque no tengan que ver con eso que habíamos soñado alguna vez.

Pero también, como ya hemos visto, el Superyó encarna el menosprecio y las críticas de nuestras voces interiores más oscuras, que tienden a prohibir la realización, incluso la concientización de nuestros deseos. Y por ende, generan culpa. Y la culpa genera la necesidad imperiosa de castigo. Siempre la culpa es prima hermana del castigo. No toda legalidad imprime pautas; hay legalidades que pueden enfermar porque se vuelven demasiado rígidas para sostener una vida sana.

Este es el modelo cruel que vive con nosotros, dentro de nosotros, y no nos deja en paz.

Dice Freud: "El Superyó del niño no se edifica en verdad según el modelo de sus progenitores; sino según el Superyó de ellos; se llena con el mismo contenido, deviene portador de la tradición, de todas las valoraciones perdurables que se han reproducido por este camino a lo largo de las generaciones [...]. La humanidad nunca vive por completo en el presente; en las ideologías del Superyó perviven el pasado, la tradición de la raza y del pueblo, que solo poco a poco ceden a los influjos del presente, a los nuevos cambios; y en tanto ese pasado opera a través del Superyó, desempeña en la vida humana un papel poderoso".

Lacan lo pone de este modo: "La energía del Superyó proviene del hecho de que el sujeto vuelva contra sí mismo su agresividad".

Pero sería un error pensar que esa batalla psíquica finaliza con la adolescencia. Es una lucha que el humano dará toda la vida.

Cada día el Superyó nos grita: "Eres malo, no te va a salir, eres feo, eres gordo, eres estúpido". Y de esa manera, introduce una invitación mortífera que hará que seamos lo que esa voz dice que somos. Y entonces esa voz, se traducirá en un impulso que nos dirá: "Sé malo, sé impotente, sé feo, sé gordo, sé estúpido", incluso –sobre todo– cuando percibe que estamos siendo lo contrario. Como si nos dijera: no te desvíes de tu camino, de eso que debes ser.

¿Con quién? ¿Con los demás? No siempre. A veces esa maldad, esa violencia se vuelve contra uno mismo. Es lo que Freud llama "masoquismo erógeno". El placer que alguien encuentra al lastimarse. Y que no sabe que viene desde adentro con la tenacidad de una exigencia.

La película *Whiplash* (Latigazo), ganadora de varios premios en el año 2015, lo revela de modo magistral.

Andrew Neiman, un joven que estudia en una escuela de música prestigiosa, tiene un deseo: ser el mejor baterista del mundo.

La historia se centra en la relación entre el joven y su profesor, Terence Fletcher, que es un tirano. Y que –como todo tirano– tiene la audacia de pesquisar los eventos traumáticos de la vida de otros, en este caso sus alumnos, para luego humillarlos frente a los demás.

En una de las escenas que perturba al espectador, se ve cómo el profesor somete a tres bateristas a una competencia feroz para decidir quién de ellos tocará en una muestra. Una competencia que durará toda la noche, donde el maestro exige más y más cada vez. Enajenado, al grito de "¡si quieres el puesto, gánatelo!", empuja a sus alumnos –sobre todo a Andrew– a tocar y tocar hasta quedar agotados y con las manos ensangrentadas.

Entre tanto, lo humilla aludiendo al trauma de su historia: «¿Es lo más rápido que puedes tocar, judío inútil? Con razón mami te dejó... ¡No desaceleres! ¡Más rápido! ¡Sigue tocando! ¡No pares!", le grita en el oído mientras el joven llora, sangra e intenta tocar más rápido cada vez para que ese maestro-Superyó tirano se calme, se contente, y lo elija.

El empuje *superyoico* de Terence transforma el deseo de Andrew en una obsesión. A partir de ahí, decide romper su relación con una chica que le gustaba. Y renuncia al amor para seguir ¿su sueño?

A ella, le dice: "No creo que debamos seguir juntos [...] porque quiero ser un gran baterista [...]. Quiero ser uno de los grandes".

Vemos cómo el joven toca durante noches enteras, sin parar, cómo se maltrata, se insulta, se golpea, se castiga por no alcanzar el ideal. Hasta que es elegido por el maestro para un concurso.

El lugar queda a dos horas de distancia. Pero al autobús que ha tomado se le poncha una llanta a mitad del camino. Andrew se desespera. Acude a una agencia y renta un automóvil. Los minutos pasan, el concierto está por comenzar. Llama, dice que está llegando, exige que lo esperen. Por fin, lo logra. El profesor lo insulta por llegar tarde y le pregunta dónde ha dejado su banco. Andrew advierte que se le olvidó en la agencia. Le dice que de igual modo puede sentarse en otro. Pero en un nuevo acto de sadismo, el maestro se niega: si quiere tocar, debe usar su banco. Andrew decide ir por él y le jura que llegará a tiempo. Se va corriendo, se sube al coche, acelera. Y es embestido por un camión. Tiene suerte; está consciente. Sale del automóvil volcado, arrastrándose como puede entre los vidrios. El chofer le pide que espere, quiere ayudarlo. Él no lo escucha, solo necesita correr para subirse al escenario. Lo logra otra vez. Con la cabeza abierta, repleto de sangre, mareado por los golpes, empieza a tocar bajo la mirada impiadosa de un profesor a quien sus golpes y su sangre no le importan. No le importan al maestro. Y tampoco a él.

La sangre –el precio– no importa cuando se trata de alcanzar ese Ideal empujado por el Superyó voraz. Por la pulsión de muerte.

El alumno está herido y no puede tocar. El profesor se acerca y le dice: "Estás acabado".

Luego del concierto, el padre de Andrew contrata a una abogada para denunciar a Terence. El maestro ya había contado a los estudiantes que un trompetista, que había sido su alumno, se acababa de morir en un accidente automovilístico. Pero la abogada le dice a Andrew la verdad: el alumno se suicidó a causa de una depresión que empezó cuando estudiaba música con Terence.

A raíz de esto, el padre, que no quería que su hijo pasara por lo mismo, junto con la abogada, convence a Andrew para que declare de manera anónima contra el profesor. Con ello, logran su despido.

Tal vez por la frustración de sus sueños tal vez por sentirse culpable luego de haber actuado en contra de su maestro, el joven desarma su batería y abandona los estudios. Comienza a trabajar detrás de un mostrador. Se le ve tranquilo, solo, sin ansiedad. Y sin pasión.

Una tarde se topa con el letrero de un bar que anuncia que esa noche la banda de jazz contará con un invitado especial: el maestro Terence Fletcher. Decide ir. Se sienta en una mesa. Lo observa tocar; escucha cómo sus dedos le sacan magia al piano. Al finalizar la presentación, el profesor lo ve y se acerca. Conversan.

Se dicen:

Terence: Nadie entendió lo que yo hacía en la escuela. No estaba ahí para dirigir… Estaba para empujar a mis alumnos más allá de lo esperado. Pienso que eso es una necesidad absoluta. Si no, estaríamos privando al mundo del próximo Louis Armstrong, Charlie Parker [...]. No hay dos palabras que sean más dañinas en nuestro idioma que "buen trabajo".

Andrew: Pero hay un límite. Tal vez un día vayas demasiado lejos y desalientes al próximo Charlie Parker de convertirse en Charlie Parker –le contesta el alumno mirándolo a los ojos. Ya sin miedo.

Terence: Charlie Parker jamás se desalentaría.

El maestro le ofrece integrar su banda para un concurso que se presentará en dos días. Andrew se entusiasma. Y acepta. Arma su batería de nuevo, practica durante horas y se sube al escenario otra vez.

Pero el profesor ordena a la banda que toquen una partitura que Andrew no conoce. Y no tiene.

Todo ha sido una trampa.

Terence Fletcher se acerca a la batería: "¿Crees que soy estúpido? Siempre supe que fuiste tú", le dice aludiendo a la denuncia en su contra, mientras disfruta al ver cómo su alumno se equivoca, se humilla y se hunde ante un jurado sorprendido.

Andrew sale del escenario y se abraza con su padre. A los segundos, vuelve a ocupar su lugar y empieza a tocar de nuevo. Se imponen los sonidos de la batería, que inunda el teatro y llena de asombro al maestro y a todos los presentes. Al finalizar el tema, Andrew sigue tocando solo, apasionado, frente a Terence que no logra detenerlo. "Te daré la entrada", le dice ahora el alumno a su maestro. Y el maestro cede ante su orden. Y obedece. Y empieza a dirigirlo solo a él. Se le ve complacido. Triunfante.

El alumno se ha convertido en lo que él quería.

* * *

Ya hemos hablado del Yo y de la ferocidad del Superyó.

Hablemos ahora del Ello.

En la misma Conferencia 31, Freud dice: "(El ello) es la parte oscura, inaccesible, de nuestra personalidad [...] un caos, una caldera llena de excitaciones [...]. Desde las pulsiones se llena con energía, pero no tiene ninguna organización, no concentra una voluntad global, solo el afán de procurar satisfacción a las necesidades pulsionales con observancia del principio de placer. Las leyes del pensamiento, sobre todo el principio de contradicción, no rigen para los procesos del Ello. Mociones opuestas coexisten unas junto a las otras sin cancelarse entre sí ni debitarse (de ahí la ambivalencia emocional de que la hablamos) [...]. Desde luego, el Ello no conoce valoraciones, ni el bien ni el mal, ni moral alguna... El Yo subroga en la vida anímica a la razón y la prudencia, mientras que el Ello subroga a las pasiones desenfrenadas".

Y luego agrega que el Yo no es más que un fragmento del Ello alterado por el contacto con el mundo exterior. Freud compara la relación que hay entre el Yo y el Ello con el vínculo que existe entre un jinete y su caballo, donde el animal aporta la energía para el movimiento y el jinete lleva las riendas y lo dirige.

"Pero entre el Yo y el Ello se da con harta frecuencia el caso no ideal de que el jinete se vea precisado a conducir a su rocín adonde este mismo quiere ir".

Entonces, el Yo debe servir a tres amos severos: el Superyó, el Ello y el mundo exterior. Cada uno le impondrá una exigencia que el Yo deberá resolver como pueda. Muchas veces, la diferencia entre la salud y la enfermedad depende de la articulación de estas demandas.

A partir de esto, diremos que las exigencias del Ello y del Superyó explican la crueldad que solemos tener con nosotros mismos, porque esa presión se juega dentro de nuestra psiquis. Por su parte, la exigencia del mundo externo tendrá que ver con la crueldad que nos persigue desde afuera.

Una parte de nosotros exige la satisfacción de un placer perturbado –el Ello–; otra –el Superyó–, nos exige el dolor, la culpa y el castigo –¡Goza!–; mientras que el empobrecido Yo debe calmar a ambas dentro de un mundo cada vez más cruel que, a su vez, le impone metas imposibles.

Es decir, también le dice: ¡goza!

* * *

Sonó el timbre que indicaba el final de clase. Me puse ansiosa. En realidad, había estado ansiosa todo el día, pero disimulé como pude ante mis compañeras.

Cuando entré al auto, mamá estaba llorando de emoción.

Entonces lo supe: habían elegido mi poema para el "Día de la madre" y el domingo saldría publicado en el diario del pueblo.

Yo tenía nueve años. Era la primera vez que ganaba un concurso. No sabía que sería la última.

El poema hablaba de "nueves lunas" en las que mamá estuvo "mansa, dulce y ansiosa cuidándose por mi luz". Así lo escribí. Hoy lo releo y no me gusta. Pero en ese momento, en palabras de una niña resultaba interesante.

Mi padre se entusiasmó más que yo. "Vas a ser una gran escritora", me dijo. Y me regaló una máquina Olivetti.

A partir de ahí, no paré de escribir. Y de soñar.

En el invierno, escribía. Durante los veranos, mientras la familia se iba al mar, me quedaba sola en casa y escribía. Era lo único que quería hacer.

A los quince ya había terminado un libro de poesía y una novela juvenil. Eran textos pueriles, pero mis padres me leían con fascinación.

Yo estaba contenta porque le hablaban a todo el mundo de mis atributos. Y empecé a desear más reconocimiento. Quería publicar. Me emocionaba imaginar mi libro en las estanterías.

Cuando cumplí veinte años, mi padre me obsequió la publicación del cuaderno de poemas. Recuerdo que llegó con una caja de doscientos ejemplares y una sonrisa. La contraportada la había escrito él, papá. Mi primer editor.

Me sentí feliz. Esa felicidad debió de empujarme a creer que mi novela acerca del romance de una joven y un vikingo era buena. La presenté en algunas editoriales. Solo respondieron dos. Ninguna aceptaba publicarla.

Me enojé. Y me entregué a gozar.

Movida por la frustración de no haber alcanzado mi único sueño –el *Ideal del Yo*–, una noche, mientras todos dormían, me encerré en el dormitorio y rompí una por una las ciento cincuenta hojas de la novela vikinga.

En realidad, el enojo escondía una vergüenza: no era tan buena como pensaba mi padre. Y como me había hecho creer.

Desde ese día, no escribí más.

Tapé la Olivetti con una funda y la dejé en el extremo del escritorio. Sin tocar. Durante años.

Tiempo después empecé a tener conversaciones con mi abuelo, el que pudo escaparse de Polonia antes de la guerra.

Lo recuerdo en un sillón de pana verde, al costado del ventanal. Desde afuera, llegaban bocinazos y el bullicio de los comercios. Pero él parecía no escuchar. Miraba la nada, como absorto.

Una tarde me senté en el piso, junto al sillón. Mi abuelo me acarició la cabeza y empezó a hablar.

"Los mataron a todos…", repetía con la vista en un punto fijo.

Yo lo escuchaba en silencio, sintiendo que el corazón me dolía.

De pronto, me empezaron a quemar los dedos. Era mi pasión, esa que había reprimido por crueldad y que ahora volvía a reclamar su espacio con más fuerza.

De algún modo, empecé a sentir que necesitaba liberar la angustia de mi abuelo y mi tristeza, y hacer que su historia, que también era mía, saliera de su cuerpo y de mis manos. Para que dejara de lastimarnos desde adentro. Para que fuera libro.

Pero hacía años que no escribía. Porque a mí no me publicaba nadie.

¿Qué importa?, dijo mi mamá, no te quedes con las ganas. Hazlo por tu abuelo, hazlo por placer, hazlo por ti.

La escuché. Y decidí empezar de nuevo.

Así surgió *Pasiones en guerra*, mi primera novela luego del exilio (autoimpuesto) de la escritura. Pasó más de una década hasta que una editorial se interesó en el libro. Y pude verlo en las estanterías.

Podría no haber pasado. Ya no importaba.

Ya había entendido algunas cosas:

No es cierto que siempre se pueda.

No es cierto que no debamos rendirnos.

No es cierto que si lo decidimos lo vamos a conseguir.

Sí es cierto que debemos trabajar para sostener un sueño.

Sí es cierto que la valentía debe ser protagonista.

Sí es cierto que el esfuerzo puede acercarnos a la meta, aunque no la alcance.

Sí es cierto que hay que salir a tiempo de un camino imposible.

No olvidemos que llevamos una fuerza demoledora, la "pulsión de muerte", que se propone destruirnos.

Por eso, hoy sigo escribiendo. Mientras intento aprender a no ser tan cruel conmigo. A no hacerme tanto daño.

POSTAL 18

HISTORIA DE UNA AMIGA

Lara sale de una convivencia que duró once años y que la hizo pedazos; una relación de la que huye en medio de la noche y a la que no quiere regresar. El día anterior al escape, prepara una bolsa con su ropa, la deja en el cuarto de la basura que da al pasillo del departamento, y en la madrugada, mientras su novio duerme, lo abandona.

Fabián, el novio, el hombre que le dio su primer beso, el primero que la vio desnuda y tal vez el primero que la quiso, tiene una forma de querer austera. Porque todo en su vida debe tener un orden, incluso las emociones.

Se conocieron en una muestra de arte. Él estaba con un amigo, el dueño de la galería. Ella había llegado con su grupo de pintura y caminaba distraída, riéndose de algo que había escuchado por ahí. A él le gustó su risa. Una risa que más tarde le pareció exagerada. "Sé más prudente cuando te ríes", la corregía. Y ella, poco a poco, fue cerrando su sonrisa hasta convertirla en una mueca, como a Fabián le parecía que estaba bien reír.

A los seis meses se mudaron a un departamento de un edificio que había construido el suegro. El hombre era ingeniero, como había sido el abuelo de Fabián y como sería él dentro de dos años más. Los mejores de la ciudad. Fabián era bueno en ciencias, matemáticas, química. Tenía una mente lógica, a veces cruel. Cualquier mente demasiado lógica suele ser cruel. Se necesita algo de idealismo para moderar la razón. Y a él le faltaba esa construcción idealista del mundo. Ni su padre ni su abuelo le habían mostrado la variante más flexible. Tampoco su mamá. Ella se ocupaba de sus hermanas; el varón, estaba a cargo de los ingenieros, los que tenían la cabeza llena de números y hueca de fantasías. Perfeccionismo y control. Así había crecido Fabián. Y así armó la vida para él y para Lara.

En un principio, ella se entusiasmó con su manera de ser. Tal vez porque venía de una casa de artistas donde había libertad y muchos sueños, pero faltaban normas. Sus padres se habían separado después de siete años de convivencia, cuando sus hijas eran demasiado pequeñas como para entender la falta de amor. Por ese entonces, Lara estaba por cumplir los seis. Jamás volvió a ver a su papá. Según ella, la mamá les había dicho que había muerto para protegerlas. Tal vez, pienso yo, lo hizo para protegerse de su propio dolor. Como sea, Lara no creyó el cuento de su madre. Pensaba que el padre se había escapado una noche con Gabriela, la mejor amiga de la mamá, a quien tampoco volvió a ver.

Y su imaginación infantil no mentía. En general los niños suelen fantasear con cosas bellas. Las fantasías de Lara, en cambio, nacidas de una percepción intuitiva del mundo que a esa edad no es frecuente, tenían que ver con el abandono y la soledad.

Al parecer, Gabriela y su padre eran amantes en las narices de su mamá, porque la mujer sabía que el precio del amor de su esposo eran sus romances con otras. Incluso con sus amigas. Y lo aceptó. Y hasta se armó de argumentos para sentirse en paz. “El amor es libertad”, les decía a sus hijas en un intento de maquillar las traiciones que le hacían daño.

En verdad, Lara pensaba que su madre lo justificaba porque se sentía infeliz. Y las mujeres infelices que tienen marcas en el cuerpo, en los ojos y en esos labios que ya no sonríen, creen que merecen ceder. Y ella aceptó todo. Primero que el esposo se quedara a su lado por el embarazo indeseado –que luego sería Lara– que llegó en mal momento. Luego que él metiera su boca en otras piernas mientras ella continuaba embarazándose de sus hijas, más tarde que la culpara por la sordera y el retraso de Paula, la menor, y por último, que la (las) abandonara por su mejor amiga. Gabriela, el ángel negro que terminó de oscurecer la mirada de la mamá. Y de Lara.

En la casa de sus padres el amor siempre había sido libre. El papá era músico y la madre pintaba cuadros para vivir. Les iba bien. No presumían. No eran de esos que juegan a ser artistas. No. Ellos vivían como artistas. Y a veces parecían felices.

Se conocieron en la bohemia de una noche de Buenos Aires, en el barrio de San Telmo. Ella tomaba cerveza y él se acercó a olerle el pelo. ¿Quién le huele el pelo a una mujer que no conoce? Su padre. Y su mamá se dejó oler. Tropezaron con una mesa y ella terminó en sus brazos y en sus besos. A los meses esperaban a su primera hija. Lara. "Te soñé desde siempre", solía decirle la mamá cuando ella era una niña.

No fue igual para su padre. Él no la esperaba. Era un joven que vivía de la música y la noticia de un embarazo no estaba en sus planes. Pero la mujer insistió en seguir adelante. Él debió de sentirse culpable como para abandonarla en aquel momento. Y se quedó. Y ella nació. Y luego sus hermanas. Y él siguió siendo libre. Y su familia se armó sin reglas. O con reglas distintas a las clásicas. Aunque sí hubo una historia de amor para contar. Al menos eso necesitaba creer Lara para no derrumbarse.

Los cuentos de amor siempre sostienen las partes más crueles del pasado.

En su fantasía, sus papás se quisieron. Pero él se fue. No estaba muerto como intentaron hacerle creer. Las dejó. La dejó. Ella lo sabía. Y creció con su ausencia. Hay amores que aseguran un abandono desde el inicio.

Lara lo buscó de grande, cuando estuvo en Toledo, cuando se enamoró de Martín. Un hombre al que conoció un veinticuatro de diciembre por la noche.

En el intento de seguir las huellas de su padre se entregó a la pasión en una navidad, y terminó enredada en las sombras de lo que fue su propia vida. Hizo lo mismo que el papá. Lo dejó. Se fue. Y perdió su gran historia de amor. Esa que ahora me cuenta con los ojos húmedos en un café de la calle Corrientes, mientras espera que pase a buscarla el ingeniero prestigioso que hoy es su marido.

EPÍLOGO

La vida nos propone todo el tiempo un uniforme. Estamos uniformados por la cultura de la belleza, el éxito, la búsqueda insensata de imposibles; por la necesidad de sostener la tensión de los roles emergentes de una sociedad moral que no advierte que el uniforme nos deforma como sujetos únicos.

Nos encapsula, nos pervierte. Nos hace gozar.

En la época de la inmediatez, es imposible diferenciarnos del imperativo de satisfacción veloz que nos empuja y homogeniza.

"No tengo idea, es la pastilla que toman todos. Si no lo hago, no me divierto, porque no me gusta la música que pasan en esas fiestas", me contesta una paciente de veinte años cuando le pregunto si sabe lo que consume.

"Si no te divierte la música, ¿para qué vas?", la cuestiono.

"Porque si no, me quedo sola", agrega.

Es cierto. Si no seguimos los postulados crueles de la época, corremos el riesgo de quedar solos de cara a nuestra soledad, que –en su caso– sería preferible.

Por su parte, la *social media* y los algoritmos y los botones de búsqueda personalizados infectan nuestras vidas y nuestra forma de ser, tal como un derrame de petróleo infecta y distorsiona el océano. Y bajo el engaño atractivo que nos proponen Otros, nos creemos más livianos y más libres.

En la Conferencia 31, Freud nos recuerda que "el ser humano enferma a raíz del conflicto entre las exigencias de la vida pulsional y la resistencia que dentro de él se eleva contra ellas". Pero también nos advierte que no debemos concebir la separación de la personalidad (Yo, Ello, Superyó) en fronteras tajantes, como las que se trazan en la geografía.

Freud devela una de las condiciones que hace que el límite entre la salud psíquica y la patología, entre lo placentero y lo doloroso, entre lo deseado y lo impuesto por los mandatos sea tan difícil de percibir.

¿Cómo saber, por ejemplo, si amamos de modo genuino o si elegimos para complacer elecciones (mandatos) de Otros? ¿Cómo saber si nuestros sueños nos pertenecen o vamos por la vida intentando cumplir ideales ajenos que nos impone la voz amenazante del Superyó?

Aunque el Superyó no solo marca ideales.

Lacan va más allá y plantea un Superyó severo, un imperativo que ordena gozar, un dedo que apunta sin piedad en nuestra psiquis y nos lleva hacia el extremo:

¡Goza, goza, goza!

Como el joven baterista de la película *Whiplash* que no para de tocar hasta que le sangran los dedos y se escapa de un accidente automovilístico para llegar a la audición a pesar de haberse lastimado. Porque lo exigen las fuerzas de su interior y además, porque en el mundo (afuera) ha encontrado a Otro (el maestro) que le exige lo mismo. Hay que llegar. Hay que ganar. Y para eso: hay que sufrir. De lo contrario, aparecerá la culpa y la necesidad de castigo.

El problema es que esa demanda no se satisface nunca. Siempre pide más: "¡Toca más rápido! ¡Más rápido!", le grita a su alumno el profesor tirano (que representa al Superyó en el mundo externo) ordenándole un ritmo casi imposible para merecer la partitura. Para no fracasar. Y para ser eso que el *Ideal del Yo* le indica (al Yo) que debe ser.

El vínculo del alumno con este profesor muestra la exigencia que ejerce el Superyó sádico sobre nosotros, que pretende un acatamiento masoquista. El profesor grita, humilla y demanda ferozmente a sus alumnos. Incluso les lanza objetos y los abofetea mientras los empuja a más.

En la película vemos cómo el Ideal (ese modelo que el Yo debe alcanzar) del protagonista tiene que ver con ser "un gran baterista".

En una escena, el joven habla con su padre:

ANDREW: ser el mejor músico del siglo XX es tener éxito.

PADRE: morir quebrado y lleno de heroína a los treinta y cuatro años no es mi idea de éxito.

ANDREW: Prefiero morir arruinado y borracho y que la gente hable de mí, a vivir rico y sobrio hasta los noventa sin que nadie me recuerde.

¿El ideal tenía que ver con ser un buen baterista, con igualar a quien él consideraba el mejor músico, o con trascender para no ser olvidado tras la muerte?

Todo lo que era mi padre es ahora un conjunto de huesos. Esa es la crueldad inherente a la vida, una crueldad inevitable: nos vamos a morir. Y cuando el nieto de mi padre o, eventualmente, los hijos de su nieto que sepan de él a través de algún cuento, ya no lo nombren, y lo olviden, también morirán las personas y esos cuentos que lo recordaban. Es decir, que incluso la trascendencia se esfuma por la crudeza del fin.

Pero a nosotros nos inquieta otra crueldad, esa que nos surge desde adentro y se proyecta al exterior, donde encuentra aún más crueldad con que nutrirse.

El hombre es el lobo del hombre porque desde que nace se alimenta de crueldad.

¿Hay alguna salida?

La crueldad es la falta de subjetivación del Otro. Y de uno mismo. Pero la subjetivación no tiene que ver con la ley moral, sino con la ética.

Hay una relación directa entre la crueldad y la falta de ética. Y para no ser cruel, se debe trabajar por un desarrollo ético y estético de los valores propios. Lo que se debe o no, más allá de las leyes morales –seculares o bíblicas–.

Cierta vez, una paciente me dijo: "No puedo ser infiel porque mi marido me mata. Además, si se entera, él podría hacer lo mismo".

Acá no hay una incorporación de valores éticos. Solo hay temor al castigo y la represalia.

Según el diccionario de filosofía de José Ferrater Mora, la expresión griega *kalokagathía* "desempeña un papel importante en la formulación de muchas concepciones ético-sociales y ético-políticas de la antigüedad".

Literalmente, la cualidad equivale a "belleza y bondad". Ahora bien, "ser bello" significa aquí "ser noble". Por eso, se traduce con frecuencia por "nobleza y bondad". Podría asimismo traducirse por "honra" y "honor". Es equiparado al "hombre honrado".

En la Grecia antigua, el término aludía a la fusión entre nobleza y ética como un ideal de conducta, como la máxima virtud de una persona. El hombre justo (*agathón*) era considerado bello (*kalón*). Es decir que se concebía la unión de la ética a la estética.

En la mitología hebrea, Lucifer (el demonio) es un ángel caído que en principio fue hermoso, pero cuando se subleva contra Dios es representado como un monstruo repulsivo. Al volverse maligno se oscurece. Se afea.

Todo el andamio de la belleza en la cultura moderna propone un cambio de paradigma. Se independiza lo bello de lo justo, de lo noble, de lo bueno. Y lo feo aparece como un ideal de estética. Sin ética.

Para que haya belleza hay que volver a la antigua fusión de lo estético y lo ético, tal como se revela en el esplendor de una composición musical cuando puede distinguirse la nobleza de su intérprete.

Siguiendo con el ejemplo de la fidelidad, quien no es infiel simplemente porque no está permitido en el pacto de amor que ha suscripto con su pareja, es decir, porque no está bien ser infiel para esa relación, tiene una ética incorporada a su vida sin perjuicio de cualquier circunstancia; una perspectiva que le indica que está bien respetar un acuerdo. Y punto. Y eso también tiene que ver con una estética de la persona que quiere ser y de la pareja que desea construir. Al igual que quien devuelve una billetera que halló en el piso por el solo hecho de concebir una ética que indica que no debe quedarse con algo ajeno. Y determinada estética de sí mismo para actuar en el mundo.

Lady Godiva, Godgifu o Godgyfu (*gift of God*, regalo de Dios), vivió en el siglo XI en Coventry, una pequeña aldea medieval de Inglaterra. En medio de callejones estrechos y casas de piedra se alzaba el castillo de Leofric, el conde de Chester y de Mercia y señor de Coventry, un hombre poderoso que gobernaba con mano firme.

Cuando Leofric decidió cobrar un nuevo impuesto en Coventry sin detenerse en el sufrimiento de su gente, los ciudadanos apenas lograban sobrevivir. De inmediato, Lady Godiva, su esposa, conocida por su bondad, le rogó que pensara en las madres y los niños que pasaban hambre.

Cansado de escucharla, Leofric la desafió. Le dijo que accedería a reducir los impuestos solo si ella se atrevía a montar desnuda por las calles del pueblo. Aunque supuso que se trataba de algo descabellado, se equivocó.

Decidida a ayudar a su gente, Godiva aceptó el desafío. Pero no lo hizo de cualquier manera. Pidió a todos los habitantes de Coventry que cerraran las ventanas y se quedaran en sus casas para que nadie la viera. Al día siguiente, soltó su pelo largo, que le cubría gran parte del cuerpo, montó su caballo y recorrió desnuda las calles vacías.

Cuando terminó el paseo, regresó al castillo. Leofric estaba sorprendido. No solo por su valentía, sino por la ética de la gente de ese pueblo que se negó a ver la desnudez de la mujer que peleaba por ellos. Así, debió cumplir su promesa. Redujo los impuestos y de esa forma Godiva se convirtió en una heroína.

Lady Godiva pasó a la historia como un símbolo de compasión y sacrificio, una mujer que estuvo dispuesta a hacer lo impensable para aliviar el sufrimiento de la gente. Su historia ha sido contada durante siglos en poemas, canciones y pinturas, y sigue siendo una de las leyendas más queridas de Inglaterra.

Una leyenda que habla de no ser indiferente al dolor de los demás.

Durante todo el ensayo sostuvimos que la crueldad es inevitable.

La agresión y las amenazas del hombre que descubre la relación paralela de la esposa; la venganza del que le oculta el cobro de una comisión al socio; el pedido de mi primer jefe, que me ordena ejecutar los pagarés de una deuda que ya había sido pagada; las palabras que Nicole y Charlie se dicen para herirse, en la película *Historia de un matrimonio*, son actos crueles.

Cuando dejamos a nuestra pareja bajo una tormenta; no reconocemos el esfuerzo de un empleado; somos egoístas en las decisiones familiares; ponemos en el centro del conflicto a los hijos por haber quedado resentidos; o nos acostamos con alguien que ama nuestro amigo, somos crueles.

Las *personas* invisibles –*haters*–, que nos hostigan y nos angustian a través de redes sociales con insultos o mentiras, son crueles.

El lugar victimizado de la mujer que hace años ruega que el marido indiferente la tenga en cuenta; el de la joven que sostiene las migajas de un amante que la deja plantada y la deshonra; o el de Lara, que llora frente a mí en un café mientras espera al ingeniero que no ama, es cruel.

La *verdad* que me impuso mi abuela acerca de la paliza de mi padre, una verdad que no le pedí y que hizo que cambiara el papá que yo me había construido, fue cruel.

La respuesta sin velo de la mujer ante la pregunta de su hijo por la muerte; o la actitud que yo tenía a los veinte años cuando evitaba la fila del banco para pagar los impuestos, es cruel.

Enseñarles a los niños a crecer solos, mostrarles que hay que ser hegemónicos, que tienen la libertad de opinar lo que sea o insultar a cualquiera a través de las redes, que no pueden salir sin el pelo "liso", o que ni siquiera un cadáver debe tener defectos, son lecciones crueles.

La indiferencia con el chico de la calle Corrientes que pide ayuda, con la mujer que vende calcetines en una esquina, con el joven de "Papirosen" y la niña de las cerillas que ruegan una limosna, o con ese "Chiquilín de Bachin" que suplica que le compren rosas, son hechos crueles.

Cuando manejamos a doscientos kilómetros por hora, cuando nos atracamos con comida o dejamos por completo de ingerirla, cuando llenamos nuestros pulmones de humo, cuando nos drogamos con las "pastillas del amor", con alcohol o con las ludopatías de moda, cuando nos sentamos a mirar las plataformas digitales durante horas sin advertir que nos roban el tiempo y la atención, cuando cumplimos mandatos de los demás sabiendo que nuestros deseos están en otra parte, cuando rifamos el amor propio y nos quedamos en relaciones infelices, cuando nos regodeamos en la nostalgia de lo perdido y ofrecemos nuestra agonía al sufrimiento, estamos siendo crueles.

Hay personas crueles que jamás dejarán de serlo. Y hay otras que son capaces de trabajar para moderarse, para que sus impulsos no deterioren sus palabras y sus actos. Pero solo quienes sostengan valores éticos y estéticos lograrán que esos valores se traduzcan en cada una de sus decisiones.

"Es terrible perder, haber perdido todas las cosas conocidas: madre, padre, hermana, novio, país, hogar. ¿Por qué tengo que perder también las cosas que no conozco?", dice Edith Eger en *La bailarina de Auschwitz*.

Desde que nacemos empezamos a perder. Primero perdemos el placentero estado de *completud* en el vientre materno. A partir del primer llanto ya sabemos que hemos perdido, que hubo un cambio de tensión psíquica. De ahí en adelante, habremos de perder mucho más.

Cada ser humano perderá distintas cosas: una infancia feliz o desgraciada; palabras de amor o desaliento; hogares donde sentimos refugio o desesperación; seres amados u odiados; esperanzas. Personas o vivencias que a veces dejarán huellas traumáticas.

El desafío será hacer lo posible para no perder también las cosas que no conocemos. Salir al mundo y construir hogares, amores y amistades nuevas, refugios donde armemos la propuesta más ética y estética que podamos. Para nosotros y para los que caminan a nuestro lado.

Lo que "no conocemos" es vivir sin crueldad. Eso no existe. Pero sí podemos aspirar a que la presencia de esa crueldad sea intermitente, que no tome ventaja, para mantener atadas a nuestras bestias y ponerle límites a la bestialidad del mundo. Llevamos el diablo adentro y lo tenemos que encerrar.

Freud dijo: "Allí donde el amor despierta, muere el yo déspota, sombrío".
Lacan dijo: "El amor hace condescender al goce".
Yo lo digo de este modo: se puede renunciar a la crueldad en función de la belleza.

Pero no cualquier belleza, porque, como vimos, la belleza también puede resultar cruel. Hablo de una renuncia en favor de una belleza ética.

Es una cuestión de economía psíquica, de energía. Debemos trabajar para economizar el goce y aumentar la energía de una estética ética. En definitiva, para que la descarga emocional tenga que ver con el amor.

Es decir: levantar los diques antiguos de los que hablaba Freud, esos que la vida moderna ha derrumbado: el asco y la vergüenza. Y además, crear diques nuevos como la comprensión y la empatía. Una comprensión que –sobre todo– ponga freno a la crítica, el juicio y la intolerancia. Y una empatía que nos saque del lugar indiferente frente al dolor ajeno.

No se trata de ser inhibidos, sino de ser cautos. De articular la discreción y elegir el momento oportuno para contar una verdad que duele. De evitar el disfraz de la honestidad que a veces lastima. Porque la verdad siempre debe ser prudente. Se trata de preservarnos del desdén o la desidia, esos actos que nos transforman en personas indignas. Y feas.

Hacer de nuestros valores ya no algo altruista –una crueldad simulada–, sino algo bello y ético al mismo tiempo. Como el arte.

Pero no confundamos la ética con la moral.

La moral se mantiene dentro de las pautas de la ley: no matarás. Es el juicio del otro que conlleva el temor al castigo.

La ética, en cambio, es la presencia del otro y el juicio a uno mismo. Se relaciona con la culpa. O, mejor, con el compromiso de quién quiero ser en el mundo. Y de cómo quiero ser.

Se trata de entender que nuestros actos, esos que nos definen, deben estar a la altura de nuestro merecimiento y no del merecimiento de los demás.

La Señora P. había planeado vengarse de la infidelidad de su marido. Pero no pudo, se quebró antes. Porque no merecía convertirse en una traidora. Eso no tenía que ver con lo que ella quería ser.

La ética expone la forma con la que enfrentamos nuestras responsabilidades frente al otro. Las renuncias (al goce) que podamos hacer por reconocimiento, por comprensión, y por amor propio. Ese amor a nosotros como base fundamental de una vida bella.

El problema surge cuando nos insertamos en un mundo donde la belleza *pulida* está de moda. Y nos invita a perder la identidad. Y como la realidad es una construcción social, los destinos de la crueldad individual están articulados por esa crueldad social en la que vivimos.

Por eso, la única defensa posible para vivir distinto será un estilo de belleza ética que se construya en función del amor. Propio y con lo demás. Pero no hablamos de cualquier amor. Porque incluso en el amor hay belleza y hay crueldad. Hablamos de un amor que se distancie de lo cruel, que nos aleje de nuestra crueldad interior para estar más atentos a la crueldad que está afuera. A nuestro lado y en cualquier parte. Un amor prudente, empático, cercano a la persona que quiero ser y no a eso que Otros pretenden que sea.

Desde el hogar primero, o en un trabajo individual después, debemos armar un mundo personal con promesas responsables. Un mundo en el que la crueldad no sea la única manera de recuperar el equilibrio perdido. Un mundo que habilite la espera para la satisfacción del placer. No solo para frenar la demanda perversa del Superyó; también para que nuestra identidad deje de ser fugaz y pueda sostenerse en el tiempo.

De eso se trata. De construir identidades confiables. Comprometidas con una estética ética que pueda reconocer la crueldad y acorralarla. Dejarla fuera de juego. Lejos de nuestras elecciones. Para que la sangre –el precio– sí importe cuando se trate de alcanzar ese *Ideal* empujado por la pulsión de muerte. Y que también nos importe el sufrimiento de los demás.

Basta de actos indiferentes. Basta de relaciones caras, que demandan un costo alto para vivir. Basta de la comunicación digital sin límites, ese lenguaje anónimo que prescinde de firma y de respeto. Basta de alterar la calidad y la interpretación de nuestra escucha en velocidad 1.5x o 2x cuando alguien nos dice algo importante. Basta de los borradores de la subjetividad que anulan nuestras diferencias y nos uniforman con modelos hegemónicos. Basta de esperanzas que nos dejan en manos de Dios o del destino. Basta de echarle la culpa a la suerte, a nuestro pasado, a los demás o a nosotros mismos. Basta de gozar con el goce. Basta del amor sin ética y estética.

Porque en esos amores, también vive la crueldad.

La crueldad está en el origen de lo humano, pero no por eso debe ser su destino.

AGRADECIMIENTOS

A Gabriel Rolón, por su mirada aguda sobre estas páginas. Por su tiempo. Y su amor.

A Nicolás Tolcachier. Por esas mañanas de mate y devaneos. Por su estímulo inteligente.

A todo el Grupo Editorial Planeta, en especial a Gastón Etchegaray, Adriana Fernández y a mi editor, Mariano Valerio, por haber confiado en este proyecto cuando apenas era un sueño.

A mi familia, por el cariño de siempre.

A los lectores amorosos. Y a los crueles.

FUENTES CONSULTADAS

De las *Obras completas*, Sigmund Freud:

Introducción del narcisismo
Duelo y melancolía
Tótem y tabú
Conferencia 31, La descomposición de la personalidad psíquica
Moisés y la religión monoteísta
El Yo y el Ello
El porvenir de una ilusión
El malestar en la cultura
Los que fracasan cuando triunfan
Tres ensayos de una teoría sexual
Más allá del principio de placer
El problema económico del masoquismo
Lo ominoso

De los *Seminarios* y *Escritos*, Jacques Lacan:

Introducción teórica a las funciones del psicoanálisis en criminología
Subversión del sujeto y dialéctica del deseo en el inconsciente freudiano
La ciencia y la verdad

Variantes de la cura-tipo
Acerca de la causalidad psíquica
Estadio del espejo
El amor al prójimo
El goce de la transgresión

El libro negro de la humanidad, Matthew White

Diccionario de Mitología Griega y Romana, Pierre Grimal

Los mitos hebreos, Robert Graves / Raphael Patai

Enciclopedia Británica

The Jewish Study Bible

The Oxford History of the Biblical World

History of Religious Ideas, Mircea Eliade

Objectification, Philosophy and Public Affairs, Martha Nussbaum

Crucifixión, orígenes e historia del suplicio, Luis Antequera

Sapiens: de animales a dioses, Yuval Noah Harari

La inquisición española, Henry Kamen

Ciudadelas de la soberbia, Martha Nussbaum

La construcción del sujeto ético, Silvia Bleichmar

Estados de ánimo del psicoanálisis, Jacques Derrida

Vigilar y castigar, Michel Foucault

La sociedad de la transparencia, Byung-Chul Han

Dialéctica del iluminismo, Theodor W. Adorno y Max Horkheimer

¿Cómo actuar con un adolescente difícil?, Juan David Nasio

Nexus, una breve historia de las redes de información desde la Edad de Piedra hasta la IA, Yuval Noah Harari

La bailarina de Auschwitz, Edith Eger

Papá querido, Cynthia Wila

El Dr. Jekyll y Mr. Hyde, Robert L. Stevenson

Psicoanálisis de los cuentos de hadas, Bruno Bettelheim

La presentación de la persona en la vida cotidiana, Erving Goffman

Historia de la vejez, Georges Minois

La nueva vejez, Pacho O´Donnell

Diario de la guerra del cerdo, Adolfo Bioy Casares

Crónicas del ángel gris, Alejandro Dolina

Obras completas, Jorge Luis Borges

Todos los cuentos de los hermanos Grimm, Guillermo Grimm

La salvación de lo bello, Byung-Chul Han

Historia de la fealdad, Umberto Eco

El Banquete, Platón

La niña de las cerillas, Christian Andersen

Más allá del bien y del mal, Friedrich Nietzsche

Los fanáticos del Apocalipsis, de Norman Cohn

Otelo, el moro de Venecia, William Shakespeare

Diccionario de filosofía, José Ferrater Mora

ÍNDICE